Richard Weisingen
c/o AutorenServices.de
Birkenallee 24
36037 Fulda

Bibliografische Information der Deutschen Nationalbibliothek
Die Deutsche Nationalbibliothek verzeichnet diese Publikation
in der Deutschen Nationalbibliografie; detaillierte bibliografische
Daten sind im Internet über http://dnb.dnb.de abrufbar

ISBN
Softcover: 978-1-0992-3632-7

© 2019 Richard Weisingen

Business Insights by Haufe
Ein Imprint der Haufe-Lexware GmbH & Co. KG, Freiburg

Das Werk, einschließlich seiner Teile, ist urheberrechtlich geschützt. Jede Verwertung außerhalb der engen Grenzen des Urheberrechtsgesetzes ist ohne Zustimmung des Verlages und des Autors unzulässig. Dies gilt insbesondere für die elektronische oder sonstige Vervielfältigung, Übersetzung, Verbreitung und öffentliche Zugänglichmachung.

Plädoyer eines Bankers

Ein Blick hinter die Kulissen des Alltäglichen

Einführung	1
Das Berufsbild: Bankkaufmann/-frau	4
Die Vorgaben	7
Die Beratungssysteme	30
Mentalitäten „Geiz ist geil" und „Der Kunde ist König"	50
Das richtige Angebot	73
Exkurs: Das Wundermittel ETF	90
Komplexität - Simpel kann einfach gut sein	107
Exkurs: Trügerische Sicherheit	119
Kostenmodelle neu gedacht	149
Allgemeinbildung: Schule soll bilden	183
Das Plädoyer	199
Literaturverzeichnis	219

Einführung

Dieses Buch basiert auf einer mehr als zehnjährigen und weiter anhaltenden Tätigkeit in der Finanzbranche beziehungsweise auf verschiedenen Aufgabenbereichen bei unterschiedlichen Banken. Es sollte betont werden, dass die nachfolgenden Schilderungen weder ein Auslass an Negativem noch in jeglicher Form eine Abrechnung mit vergangenen Arbeitgebern sein soll. Das Nachfolgende beruht auf persönlichen Erfahrungen und spiegelt ausschließlich die Meinung des Autors wieder.

Für eine bessere Einschätzung, werte Leserinnen und Leser, erachte ich es für sinnvoll, Ihnen einen kurz gehaltenen Einblick in meinen Werdegang zu geben. Dieses Ihnen vorliegende Buch wurde nicht von jemandem geschrieben, der in den obersten Etagen der Banken sitzt oder ausschließlich mit den Großen der Branche zu tun hatte.

An den Anschluss meiner schulischen Bildung begann ich direkt mit einer Ausbildung als Bankkaufmann bei einer regionalen Bank. Danach folgte ein Einstieg als Berater für überwiegend private Kunden mit gleichzeitiger Tätigkeit im Service- und Kassenbereich der Filiale. Meinen Ausbildungsbetrieb verließ ich nach einjähriger Tätigkeit in Richtung einer weiteren regionale tätigen Bank. Mein Aufgabenbereich ähnelte dem vorherigen. Hieran schloss sich eine Tätigkeit unter anderem als stellvertretender Filialleiter. Bei einer Privatbank übernahm ich anschließend die Betreuung vermögender Kunden. Mein Weg führte mich zurück zu einer erneut regionalen Bank in unveränderter Funktion.

Nebst meiner beruflichen Entwicklung hatte ich die Möglichkeit, an verschiedenen Weiterbildungen teilzunehmen, die zum einen meine Kenntnisse vertieften und mir zum anderen den Austausch mit Kolleginnen und Kollegen aus anderen Häusern ermöglichten. Die Vernetzung innerhalb der Branche ist, wie in vielen anderen Bereichen auch, ein Schlüsselelement.

Diesen Exkurs zu meinem persönlichen Werdegang schließe ich mit der Frage ab: Welches Ziel verfolge ich mit diesem Buch?

Gerne möchte ich Ihnen, liebe Leserinnen und Leser, aus einer anderen Perspektive einen Einblick in eine Bank geben: Eine Sicht mit den Augen des Bankers.

Das Berufsbild: Bankkaufmann/-frau

Wie bereits geschildert, begann mein beruflicher Werdegang in der Form einer dualen Ausbildung, sprich einer Ausbildung in der Berufsschule und im Ausbildungsbetrieb selbst. Das Berufsbild des Kaufmannes und im Speziellen das des Bankkaufmannes hatte sich zu dieser Zeit bereits gravierend gewandelt. Meine Ausbildung begann kurze Zeit vor dem Beginn der Subprime-Krise, die sich zu einer globalen Weltwirtschaftskrise ausweitete. Das war zu einer Zeit, als Werbung wie „Geiz ist Geil[1]" unter anderem regelmäßig im Fernsehen zu sehen war. Die Ausbildung hatte insbesondere im betrieblichen Teil einen starken Bezug zur praktischen Tätigkeit. Dies war in der Form sehr förderlich, dass schulisch vermittelte Inhalte zeitnahen Einfluss in die betriebliche Tätigkeit fanden und sich so schnell verankerten. Das war allerdings aus betrieblicher Sicht

---

[1] Saturn ab Okt. 2002 Werbeslogan in Deutschland

durchaus erforderlich, da die Personaldichte ein aktives Mitarbeiten der Auszubildenden unabdingbar machte. Die Zahl der Kreditinstitute als auch deren Angestellte war zu dieser Zeit bereits rückläufig[2].

Wie ausgeführt war diese Situation für Auszubildende bezüglich der Lernkurve und der praktischen Mitarbeit sehr förderlich. So folgten erste einfachere[3] Beratungsgespräche mit Kunden. Zu dieser Zeit befanden sich Konzepte zur ganzheitlichen Beratung[4] für nicht vermögende Privatkunden in der Anfangsphase (das heißt die Projektentwicklung begann bei den Sparkassen bereits im Jahre 2003). In der Ausbildung selbst wurde vermehrt Wert auf das Thema Cross-Selling[5] gelegt. Der Begriff des Cross-

---

[2] Bankenverband, Zahlen, Daten, Fakten - Statistikservice

[3] Eröffnung Girokonto, Sparanlagen oder Festgelder

[4] sparlassengeschichtsblog.de, Chronik des OSV

[5] Verkauf weiterer Produkte, nebst dem eigentlichen zum Kundenanliegen

Selling nicht per se negativ ist. Die Grundidee ist das Erkennen von weiteren, sinnhaften Ergänzungen zum eigentlichen Kundenanliegen.

Doch dies gab bereits einen ersten Geschmack für das Berufsleben nach der Ausbildung, denn das Berufsbild hat sich vom Kaufmann hin zum Verkäufer gewandelt.

Während der Ausbildungszeit war somit zügig ersichtlich, in welchem Ausmaß sich das Berufsbild verändert hatte. Vorgesetzte waren erfreut, wenn erste vertriebliche Erfolge präsentiert werden konnten. Gegen Ende der Ausbildung (diese betrug zweieinhalb Jahre) wurden diese bereits vorausgesetzt. Hierauf folgten Zielvorgaben, Verkaufsaktionen, Auswertungen von Vertriebserfolgen und regelmäßige Gespräche mit Vorgesetzten. Das Thema Vorgaben wird im nachfolgenden Kapitel ausführlicher beleuchtet.

Die Vorgaben

Die Vorgaben, welche Ziele erreicht werden sollten und welche Produkte in welchem Umfang und in welchem zeitlichen Rahmen abgesetzt werden sollten, hielten nach Ausbildungsende an. Ein Blick in andere Branchen zeigt, dass die Thematik mit Planvorgaben in Bezug auf Wachstum und Ertragssteigerung nicht nur ein Phänomen der Finanzbranche ist. Dieser Umstand ist sicherlich durch die anhaltenden Krisen seit dem Jahr 2007 nicht gemindert worden[6].

Dennoch kann dieser Punkt insoweit aufgegriffen werden, dass die Thematik der Wachstumsplanung in Frage gestellt werden kann. Fraglich sind zum Beispiel die Zielvorgaben gemäß dem ehemaligen Vorstand der Deutschen Bank, Josef Ackermann[7], in Höhe von

---

[6] Bundesbank 2018, Monatsbericht September 2018

[7] Josef Ackermann Vorstandsvorsitzender der Deutschen Bank bis Februar 2006 bis Mai 2012

25,00%[8] Zuwachs der Eigenkapitalrentabilität pro Jahr. Die Eigenkapitalrentabilität ist der Gewinn im Verhältnis zum Eigenkapital. Als erschreckend könnte der Umstand artikuliert werden, wenn gleiche oder ähnliche Erhöhungsraten in Wachstumsplanungen auftauchen, zu Zeiten, in denen sich die Finanzbranche offenkundig in einem schwierigen Umfeld mit einem deutlich sinkenden Zinsüberschuss befindet[9]. Der Zinsüberschuss, also die Differenz aus Zinsausgaben und Zinseinnahmen, ist beziehungsweise war traditionell die Haupteinnahmequelle deutscher Banken[10].

Basierend auf dem geschilderten Umstand ist es durchaus nachvollziehbar, dass Banken geneigt sind, neue Einkunftsquellen zu erschließen oder existierende, insbesondere die der Provisionserlöse, zu

---

[8] Ackermann, Josef 2005, Öffentliche Vorgabe der Deutschen Bank

[9] Bundesbank 2018, Monatsbericht September 2018

[10] Bundesbank 2018, Monatsbericht September 2018

fokussieren[11]. Dieser Fokus auf anderweitige Ertragsquellen ist aus betriebswirtschaftlicher Sicht vollauf nachvollziehbar. Insbesondere, da ein Kreditinstitut ebenso ein Wirtschaftsunternehmen ist und ein starkes Interesse an einer Gewinnerzielung haben muss. Hier sei folgende Bemerkung erlaubt: In Bezug auf diesen Umstand ist es nicht nachvollziehbar, wie eine Dienstleistung wie die des Girokontos über mehrere Jahre hinweg kostenlos angeboten werden kann[12]. Hierzu im nachfolgenden mehr, insbesondere im Kapitel Mentalitäten „Geiz ist geil" und „ Der Kunde ist König".

Sicherlich ist das Prinzip der Gewinnmaximierung[13] aus betriebswirtschaftlicher Sicht nachvollziehbar und erklärbar. Dennoch ist festzuhalten, dass die

---

[11] Bundesbank 2018, Monatsbericht September 2018

[12] Groth, Julia 2018, Bei diesen Banken gibt es die letzten kostenlosen Girokonten

[13] Gabler Wirtschaftslexikon

Steigerung des Gewinnes lediglich eine Komponente der Gleichung darstellt. Die zweite Komponente ist die der Begrenzung oder Reduktion der Ausgaben. An dieser Stelle sind keine Kosteneinsparungen gemeint, um lediglich Profite in die Höhe zu treiben. Kostenreduktionen können ebenso im Rahmen von Überprüfungen der Sinnhaftigkeit gezielter Ausgaben erfolgen. An dieser Stelle können Werbeausgaben, Gehälter, Gratifikationen, Spenden oder Ausgaben für Veranstaltungen als Beispiele genannt werden. Mit dieser Aussage sollen die genannten Beispiele nicht grundsätzlich in Frage gestellt werden. Dennoch ist eine maßvolle Kosten-Nutzen-Rechnung angebracht. Diese soll dem Ziel dienen, Ausgaben entsprechend den erzielten oder erzielbaren Einnahmen gegenüber zu stellen, um diese dadurch betriebswirtschaftlich zu rechtfertigen.

Sicherlich darf in diesem Rahmen nicht außer Acht gelassen werden, dass Wirtschaftsunternehmen gewisse soziale als auch gesellschaftliche

Verpflichtungen tragen. Dementsprechend haben die Unternehmen daraus erwachsende Erwartungen zu erfüllen. Man denke an Beiträge beziehungsweise Spenden für Sportveranstaltungen und Vereine oder kulturellen Ausstellungen und Förderungen[14]. Dennoch ist angebracht, in diesem Punkt zu diversifizieren: hinsichtlich der Engagementgröße im Verhältnis zu der Größe des Unternehmens gilt es ebenso zu differenzieren wie zwischen persönlich initiiertem Engagement durch Mitarbeiter oder Unternehmensinhabern und dem Interesse des Unternehmens selbst am Förderprojekt.

Als Beispiel hierzu: ein regionales Unternehmen unterstützt einen bestimmten Sportverein im Rahmen eines Sponsorings und konkurriert hierbei mit einem weltweiten Großunternehmen. Genanntes Sponsoring ermöglicht es im Gegenzug dem Unternehmen, regelmäßig Kunden zu Sportveranstaltungen einzuladen.

---

[14] Mihm, Andreas 2018, Deutschlands Unternehmen spenden 10 Mrd. Euro

Ein weiteres Beispiel können mehrere Kunstausstellung in den Räumlichkeiten des Unternehmens sein. An dieser Stelle sei erneut der Hinweis erlaubt, dass die angeführten Beispiele keinerlei Kritik an solchen Engagements darstellen soll. Inwieweit der Nutzen im Verhältnis zum Aufwand bei der x-ten Vernissage gegeben ist, sei offen gelassen.

Doch wem nützt dies?[15] Nachvollziehbar sollte sein, dass jede Ausgabe den potentiellen Gewinn schmälert. Wie bereits erwähnt ist es daher sinnvoll, einer Ausgabe nach Möglichkeit einen zumindest ausgleichenden Ertrag gegenüber zu stellen, der diese rechtfertigt, oder eine anderweitige Rechtfertigung anzuführen. Sicherlich können hierbei gesellschaftliche, kulturelle oder soziale Engagements eine Ausnahme bilden. Allerdings sollten diese im Verhältnis zur unternehmerischen Leistungsfähigkeit

---

[15] Cicero, Markus Tullius 106-43 v. Chr., Cui bono?

stehen. Hierbei ist voraussichtlich dem stetigen Engagement den Vorzug zu geben gegenüber einem einjährigen, überschießenden Engagement, das in der Zukunft deutlich aufgrund einer zurückgehenden Leistungsfähigkeit gekürzt werden muss.

Auf diesen Sachverhalt wird an dieser Stelle ausführlicher eingegangen, da eine Ziel- und Wachstumsplanung neben erwarteten Erträgen und Einnahmen ebenso auf erwartete Ausgaben abstellt. Die unternehmerische Leistungsfähigkeit ist gekennzeichnet durch eine jederzeitige Fähigkeit, Zahlungsverpflichtungen nachzukommen[16]. Hierzu ist ein Liquiditätsüberschuss notwendig (sprich die Einnahmen übersteigen die Ausgaben). Dieser Zusammenhang sollte sich erwartungsgemäß in einem Gewinn widerspiegeln. Die Gewinnerzielung ist eine Grundvoraussetzung, um ein Unternehmen auf

---

[16] giz 2017, So sind wir wirtschaftlich Leistungsfähig

unbestimmte Zeit zu errichten und fortzuführen[17]. Ein Unternehmen, das keinen Gewinn erzielt, ist nicht zukunftsfähig. Es sollte an dieser Stelle erwähnt werden, dass nebst der Einkommenssteuer die Gewerbesteuer eine der wichtigsten Einnahmequellen des Staatshaushaltes darstellt[18]. An dieser Stelle findet aus Gründen der Einfachheit keine Unterscheidung der einzelnen Staatshaushalte auf Bundes-, Landes-, und kommunaler Ebene statt. Aus diesem Grund kann der Absicht einer Gewinnerzielung sowie dem Ziel der Gewinnmaximierung pauschal kein negatives Vorhaben unterstellt werden.

Kontinuität ist sicherlich ein Wunsch der Bundesregierung, da dies eine gewisse Planungserleichterung und -sicherheit mit sich führt, als auch ein Wunsch des Unternehmens aus den

---

[17] Dr. Bock, Kurt, Welche Rolle haben Unternehmensgewinne? Unternehmenserfolg und gesellschaftliche Verantwortung

[18] Bundesfinanzministerium 2019, Steuereinnahmen Jahr 2018

gleichen Gründen. Das Ziel der Kontinuität beginnt bereits bei der Planung von Jahreszielen. Gerade aus der beruflichen Erfahrung heraus ist festzustellen, dass manch eine Planung ambitionierter ist und eine andere verhaltener. In diesem Stadium ist wiederum zu unterscheiden zwischen der Planung der Einnahmen und der Ausgaben.

Die Sparte der Ausgaben ist im Allgemeinen von einer größeren Planbarkeit gegenüber der der Einnahmen gekennzeichnet und lässt sich aller Erfahrung nach stärker kontrollieren. Hier hingegen sind die Einnahmen und Erträge durch einen größeren Unsicherheitsfaktor gekennzeichnet[19]. Ursächlich für die Planungswerte und den Wachstumsplan ist mitunter die Erwartungshaltung der Unternehmenseigentümer. Diese können bei Banken viele Formen annehmen: öffentliche Eigentümer, Anteilseigner von Genossenschaften, Aktionäre und

---

[19] Bellinger, Bernhard 1984, Unternehmensbewertung in Theorie und Praxis

Inhaber in Form von zum Beispiel Kaufleuten[20]. Die Inhaberstruktur lässt bedingten Rückschluss auf die Erwartungshaltung der Eigentümer hinsichtlich des Ertrags und der Profitabilität zu. So zum Beispiel sind Eigentümer von Genossenschaften oder Sparkassen und Landesbanken über einen stetigen, möglichst gleichbleibenden Zufluss erfreut. Dieser fließt in Form einer zumeist langjährig gleichbleibenden Dividende[21] oder Gewinnausschüttung in den Kreishaushalt oder an die einzelnen Genossen. Dagegen sind Aktionäre von börsennotierten Banken nebst der Dividende primär an der Entwicklung des Aktienkurses interessiert. Dieser stellt zumeist den treibenden Faktor in der Rendite des Investments dar[22]. An dieser Stelle sei nochmals auf das Beispiel des ehemaligen Vorstands der Deutschen Bank, Josef Ackermann,

---

[20] Bundesbank, Die Banken in Deutschland

[21] Geißler, Max 2018, Bis zu fünf Prozent Dividende

[22] financial-informer.de, Aktienrendite vs Dividendenrendite

verwiesen[23]. Als dessen Zielmarke der Eigenkapitalrentabilität, dies ist der Gewinn im Verhältnis zum Eigenkapital, in Höhe von 25,00 % nicht erreicht wurde, reagierte der Kurs der Aktie entsprechend negativ. Das Gegensätzliche war der Fall, als die Zielgröße erfreulicherweise übertroffen wurde. Beide Effekte waren und sind zu sehen, wenn die Erwartungen beziehungsweise Prognosen von Analysten übertroffen oder verfehlt werden[24].

Die unterschiedlichen Erwartungshaltungen von Seiten der Eigentümer ergänzt um die von weiteren Interessengruppen, den sogenannten Stakeholder, sind ursächlich für die Wachstumserwartungen und Zielgrößen in den Planungen der Häuser.

Zudem ist ein weiterer treibender Faktor der Hang zur Vergleichbarkeit: Für diesen Zweck werden innerhalb der Organisationen Vergleichsgruppen gebildet und es

---

[23] Ackermann, Josef 2005, Öffentliche Vorgabe der Deutschen Bank

[24] Toller, Andreas 2014, Die Prognosemärchen der Analysten

finden direkte Vergleiche mit vergleichbaren Mitbewerbern statt. Die eigenen Verbände üben durch das Bilden von Vergleichsgruppen innerhalb der eigenen Organisation einen gewissen Druck auf die Unternehmensführung aus.

Wenn die Planung soweit abgeschlossen ist und die festgesetzten Größen auf die Einheiten heruntergebrochen wurden, folgen im Zeitverlauf die Soll-Ist-Abgleiche, sprich Abweichungsanalysen. Zumeist werden Planungen für Zeitintervalle erstellt: ein Jahr, drei Jahre oder fünf Jahre[25]. Hintergründe dafür sind nebst der bereits genannten Erwartungen der Interessengruppen und Eigentümer auch die Verfolgung strategischer Ziele. Fraglich ist allerdings der Punkt, an dem die Ist-Werte auf Jahresebene negativ von den Planwerten abweichen. Vielfach findet im sich anschließenden Zeitraum bei weiterhin bestehender negativer Abweichung ein

---

[25] Braun, Thorsten, 2018, Unternehmensplanung

Weiterverfolgen der Planwerte statt. Sprich die Planung für die kommende Periode wird zu der vorangegangenen hinzuaddiert. Die negative Abweichung findet insoweit Beachtung, dass diese in den kommenden Perioden aufgearbeitet werden müssen. Eine Korrektur in der Mehrjahresplanung erfolgt zumeist nicht.

Dies kann z. B. so ausfallen, dass in einer Einheit eine deutliche Zielverfehlung um vielleicht 25,00 % festzustellen ist. Auf den Wert in der abgelaufenen Periode wird, um die Planung aufrecht zu erhalten, trotz Verfehlung der Steigerungswert des Folgejahres addiert. Durch dieses Vorgehen kann die Erreichbarkeit eines Planwertes in Frage gestellt werden, da dadurch Extremszenarien geschaffen werden. Solche Szenarien können rasch in die Realitätsferne rücken und ursächlich für anhaltende Demotivation bei Mitgliedern dieser Einheit sein.

In Sachen Planung kann das Denken in Prozenten und Steigerungsraten dahingehend gefährlich werden, wenn die Basis steigt. Hierzu erneut ein Beispiel: Eine Steigerung um zehn Prozent bei einer Ausgangsbasis von 100 entspricht einem Wert von 10. Eine erneute Steigerung um zehn Prozent im kommenden Jahr bei einer sich veränderten Basis auf 110 (der Vorjahreswert plus die letztjährige Steigerung) bedeutet eine geplante Zunahme von 11. Bei der Betrachtung unter Laborbedingungen, sprich sämtliche umgebende Faktoren bleiben gleich, bedeutet dies, dass die jährliche Leistung steigen muss. Dieser recht einfach kausale Zusammenhang kann insbesondere bei höheren Wachstumsraten als auch bei Zielverfehlungen gravierend werden. Dies findet sich in der bildlichen Aussage „Dies kann ja nicht in den Himmel wachsen."[26] wieder.

Unabhängig vom dargestellten Zusammenhang ist Wachstum als etwas grundsätzlich positives zu betrachten. Ein Gewinn stellt unter anderem eine Art der Risikovorsorge dar. Dieser kann in schlechteren

---

[26] Deutsche Redewendung

Zeiten entstehende Verluste ausgleichen. Weiterhin kann Wachstum ein Indikator für ein gesundes Unternehmen sein.

Allerdings sollten Zuwachsraten in mindestens zwei Bereiche unterteilt werden: organisches Wachstum[27] oder Sondereffekte. Letzteres sind zumeist durch einmaligen Charakter und ungeplante Ereignisse gekennzeichnet bzw. darauf zurückzuführen. Dies können Fusionen oder Zukäufe sein. Innerhalb der Bankenbranche kann dies auf zu hohe oder zu niedrige Bildung von Risikoreserven und Rückstellungen zurückzuführen sein. Diese Sondereffekte können, wenn so gewollt, auf das Investment-Banking übertragen werden, zum Beispiel bei der Deutschen Bank.

Unter dem Begriff des Investment-Bankings sind Tätigkeiten im Zusammenhang mit

---

[27] onpulson, Definition: Als organisches Wachstum wird das Wachstum eines Unternehmens bezeichnet, das aus eigener Kraft erfolgt. Das Wachstum resultiert also nicht durch Zukäufe dritter Unternehmen.

Restrukturierungen, Unternehmenszusammenschlüsse oder Verkäufe als auch Börsengänge zusammengefasst[28]. Kennzeichnend für diesen Geschäftsbereich ist, unabhängig von der Bank, die hohe und breite Schwankungsbreite im Ergebnis[29]. Aus offensichtlichen Gründen sind Ergebnisse in diesem Geschäftsbereich im Allgemeinem von einer höheren Ungenauigkeit in der Prognose betroffen. Der Wettbewerb in diesem Bereich ist intensiv, die Aufträge müssen zunächst gewonnen werden, es sind höhere Losgrößen als in anderen Bereichen festzustellen und der Verlauf eines solchen Engagements ist per se schwerer zu planen. Letztgenannter Punkt kann sich zum einen in den Bereichen Projektzeit, Kosten, Ertrag, Realisierbarkeit und Umsetzung bemerkbar machen.

---

[28] Staufenbiel Institut, Bereiche des Investmentbankings

[29] statista.de, Entwicklung Gebühreneinnahmen im Investmentbanking weltweit 2009 bis 2018

Zum anderen steht der Bereich des Investment-Bankings bei positivem Verlauf mitunter für einen hohen Ergebnisbeitrag zum Gesamterfolg der Bank und auch beispielhaft für die vergleichsweise hohen Bonifikationen und Gehälter[30]. Grundsätzlich betrachtet ist das Gehalt eine Entschädigung für den Einsatz der eigenen Arbeitskraft[31]. Bezogen auf das zuvor genannte Beispiel liegt der Fokus in diesem Kontext nicht auf der Höhe der eigentlichen monatlichen beziehungsweise festen Vergütung. Sicherlich könnt hier auch die Frage nach der Rechtfertigung der Höhe gestellt werden. Ebenso ist nicht die Höhe der Bonifikation im Folgenden in Frage zu stellen, sondern die Grundlagen, die zu einer Zahlung führen können, sprich die zugrunde liegende Zielvereinbarungen und -erreichung.

---

[30] Hamann, Florian 2018, Gehaltstabelle: Was Investmentbanker in Frankfurt verdienen

[31] absolventa.de 2019, Lohn vs. Gehalt

Zwei grundlegende Fragen sollten sich in diesem Bezug stellen: welche Ziele werden Gegenstand der Vereinbarung und in welcher Höhe fällt bei welcher Erreichung dieser Ziele die Bonifikation aus. In diesem Zusammenhang ist vielfach erfreulicherweise festzustellen, dass vermehrt auf Ertragskennzahlen oder allgemein auf den Ertrag des Geschäftes abgestellt wird – im Gegensatz zu manch vergangener Zielgröße, die zum Beispiel lediglich auf Volumina abstellte. Das genannte Beispiel sei kurz erläutert: Eine Form der Geldanlage wird in einem Umfang von 100.000 Euro gewählt. Diese erwirtschaftet für die Bank in diesem Beispiel zu Normalkonditionen eine Provision in Höhe von 3,0 %. Unterstellt wird, dass diese für eine leichtere Absetzbarkeit an den Kunden mit einem Rabatt von 1,5 %, gegeben durch den Mitarbeiter, angeboten wird. Somit halbiert sich der Ertrag für das Institut bei gleichbleibender Zielerreichung für den Mitarbeiter. Dies ist sicherlich genau so wenig zielführend für das betreffende Institut wie ein anderes, nachfolgend genanntes Beispiel.

Die Zielplanung stellt zukünftig auf den Ertragsbeitrag des jeweiligen Geschäftes ab. Der Mitarbeiter hat im Kundengeschäft die Wahl zwischen dem Produkt 1, das für sein Institut einen Ertrag in Höhe von 5,0 % erwirtschaftet, im Vergleich zu Produkt 2, das lediglich einen Ertrag von 3,0 % erwirtschaftet. Ohne die Unterstellung jeglicher persönlicher Interessen ist es doch naheliegend, dass eine Tendenz zum Produkt mit der höheren Provision besteht. Dies kann insbesondere dann der Fall sein, wenn beide Produkte eventuell den Kundenwünschen entsprechen und sich in weiteren Eigenschaften gleichen oder vergleichbar sind.

Um einem solchem Denken vorzubeugen, greifen hier neben der Bank selbst auch der Gesetzgeber bzw. die Aufsichtsbehörde regulierend ein[32]. Zum einen hat die Bank das Interesse, den Kundenwünschen zu entsprechen und in gezielten Bereichen zu wachsen

---

[32] Directive 2014/65/EU (MiFID II)

und zum anderen ebenso entsprechenden Fehlentwicklungen oder Fehlanreizen entgegen zu wirken.

So viel zum Thema der Zielplanung. Wie hier bereits ersichtlich wird, sind diverse Faktoren entscheidend und zu berücksichtigen. Neben der eigentlichen Zielplanung ist ein zweiter, entscheidender Faktor die Frage, in welcher Form die Bonifikation bezahlt wird und welche Bedingungen erfüllt werden müssen.

Ein denkbar einfaches System wäre eine Jahreszielplanung in der Form der Ertrags- oder Volumenserzielung. Wenn die vereinbarten Ziele erreicht werden, wird ein Anspruch auf die Bonifikation in festgelegter Höhe erworben. Bei der Findung der Bonifikationshöhe sind in der Branche unterschiedliche Verfahren gängig, vielfach sind diese für die größte Anzahl der Beschäftigten im geltenden Tarifvertrag geregelt. Zum Beispiel sind Höchstsätze bezogen auf das Jahresgehalt definiert, bis zu welchen dieses variabel vergütet werden kann. Diese werden zumeist bezahlt, wenn eine Zielerreichung von mindestens 100 %, stellenweise ab 80 %, vorliegt. Bei Unter- oder Übererfüllung findet eine Kürzung des oder Erhöhung auf den Bonus statt.

Eine andere Form der Bonifikation ist in der Bildung von Vergleichsgruppen und, innerhalb dieser, von Rankings. Die Regel zur Anspruchsgewinnung sind zumeist, dass zum einen die eigene Zielerreichung über dem Durchschnitt liegen muss. Zum anderen nimmt die Höhe mit einem höheren Ranking zu.

Hierzu kann festgestellt werden, dass jedes dieser Systeme Vor- und Nachteile in sich trägt. Gleiches gilt in Bezug auf die Frage zu einer grundsätzlichen Bonifikation.

Eine entscheidende Rolle sollte in diesem Zusammenhang das Thema Nachhaltigkeit[33] finden. Die genutzte Begrifflichkeit soll an dieser Stelle nicht

---

[33] Definition siehe Lexikon der Nachhaltigkeit

inflationäre Verwendung finden. Hiermit ist an dieser Stelle die grundsätzliche wörtliche Bedeutung gemeint. Ein nachhaltiges Bonifikation- und Zielsystem sollte nicht auf kurzfristige Erfolgsziele und Erträge ausgerichtet sein, sondern zum Beispiel auch die Frage nach Stornierungen mit einbeziehen und diese berücksichtigen. Eine Einbeziehung von Storni wirkt einer möglichen negativen Einwirkung von Seiten des Mitarbeiters entgegen. Eine solche könnte gegeben sein, wenn auf die schnelle Erzielung eines Vertragsabschlusses oder Ertragserzielung hingewirkt werden würde.

Vielfach ist festzustellen, dass gerade die letztgenannte Komponente eine zu geringe Berücksichtigung findet[34]. Dieser Umstand zieht sich vielfach durch die Hierarchien. Dadurch kann es vorkommen, dass in einem Jahr, in dem die Vorgaben erreicht werden, im Vergleich zum Festgehalt herausragende

---

[34] Tagesschau 2018, Vorstandsgehälter wachsen in den Himmel

Bonifikationen[35] bezahlt werden. Durch diese Höhe der Sonderzahlung ist es zumeist unerheblich oder von sekundärer Relevanz, ob eine jährliche Sonderzahlung zu erwarten ist. Das erklärt, warum in manchen Fällen deutlich erhöhte Risiken eingegangen werden, um die eigene Zielerfüllung sicherzustellen und damit den Anspruches auf die Bonifikation[36].

Der Appell, der in diesem Buch formuliert werden soll, ist nach dem ersten Kapitel nach einem möglichst für alle Beteiligten fairen, nachvollziehbaren und nachhaltigem Ziel- und Wertesystem. Ziele müssen nicht stets in einer quantitativen Messgröße zu finden sein oder ausschließlich auf Erträge abstellbar sein. Diese können auch in eigenen Qualitätsansprüchen und Werten zu finden sein.

---

[35] absolventa.de 2019, Lohn vs. Gehalt

[36] wikipedia.de Libor-Skandal

Die Beratungssysteme

Nach der Betrachtung der Zielvorgaben ist es lohnenswert, einen Blick auf die Beratungssysteme und die vielfach kursierende ganzheitliche Beratung zu werfen.

Ein jedes Finanzinstitut hat ein eigenes Beratungssystem, das es im Gegenüber mit seinen Kunden präsentiert. Im diesem System wird darauf verwiesen, welche Werte das jeweilige Institut damit verbindet, welche Vorteile sich für den Kunden ergeben und welchen Nutzen beide Seiten daraus ziehen können. Außerdem wird eine Abgrenzung zu den Mitbewerbern hergestellt. Innerhalb der Bank werden die angewendeten Beratungssysteme nach den zu betreuenden Kundengruppen unterschieden. Eine grobe Untergliederung kann bereits nach Standardkunden und Individualbetreuung erfolgen[37].

---

[37] PWC 2011, Effektives Kundenmanagement im Retail Banking

Diese Unterteilung ist nicht nur bei Privatkunden zu finden, sondern auch bei Firmenkunden. Hintergrund dieser Gliederung ist der Einsatz von Standardlösungen und Ablaufschemen in weniger komplexen Kundengruppen. Hierbei steht der Grad an Automatisierung im Fokus. Dieses Vorgehen ist primär aus Gründen der Wirtschaftlichkeit[38], sekundär aus logistischen beziehungsweise praktischen Gründen zwingend erforderlich. In den weniger komplexen Kundengruppen ist das Verhältnis Kundenanzahl pro Berater deutlich größer als bei komplexeren Kunden. Dieses Vorgehen steht im Einklang mit der Nachfrage von Seiten der Kunden und den durchschnittlichen Kontakten pro Kunde.

Ein zunehmender Grad an Automatisierung und Standardisierung ist in diesem Kontext nicht pauschal als negativ zu werten. Die Frage, die sich aufdrängt, ist die nach dem Mehrwert, der durch eine zunehmende Komplexität gewonnen wird. Weiterhin besteht die

---

[38] Horvath & Partners, Wenn Roboter mitdenken

geschäftspolitische Frage, welche Dienstleistungen und Produktlösungen grundsätzlich und im speziellen für welche Kundengruppe angeboten werden sollen. In diesem Kapitel soll auf die Frage nach der angebotenen Dienstleistung sowie Produktlösung für den einzelnen Kunden nicht näher eingegangen werden. Diese Vertiefung folgt in den nachfolgenden Kapiteln Das richtige Angebot und Kostenmodell neu gedacht.

Im Folgenden steht das reine Beratungssystem im Vordergrund. Seit geraumer Zeit ist eine Begrifflichkeit verstärkt zu bemerken: die ganzheitliche Beratung. Die verschiedenen Organisationen haben diesen Begriff stellenweise in reiner Form oder als Sparkassen-Finanzkonzept[39] oder genossenschaftliche Beratung[40] eingebracht. Außerhalb der institutseigenen Begrifflichkeit und

---

[39] Ganzheitliches Beratungskonzept der Sparkassen, siehe sparkasse.de

[40] Ganzheitliches Beratungskonzept der Volksbanken Raiffeisenbanken, siehe vr.de

Beratungssysteme hat sich ebenso der weltweit tätige Verband der Certified Financial Planner[41] mit seinem ganzheitlichen Beratungsansatzes im Rahmen der Finanzplanung (Financial Planning) positioniert.

Letztgenannte Finanzplanung ist die umfangreichste und kommt dem Gedanken der ganzheitlichen Beratung am nächsten[42]. Hinter dem Begriff der privaten Finanzplanung verbirgt sich ein Gutachten[43], das sich zumeist in einem vielseitigen Dokument widerspiegelt. Dieses Gutachten ist in erster Linie produktneutral gehalten und beinhaltet neben dem Soll-Ist-Abgleich eine Optimierungsempfehlung. Innerhalb dieses Gutachtens werden Vermögensbilanzen und Liquiditätsrechnungen in der Zukunft und unter Stressszenarien dargestellt[44]. Diese

---

[41] Financial Planning Standard Board Deutschland (fpsb.de)

[42] ebed 41

[43] ebed 41

[44] ebed 41

Szenarien sind zumeist auf Tod, Krankheit, Berufsunfähigkeit, Renteneintritt sowie kundenspezifische Szenarien beschränkt. Auf das Gesamtgutachten haben sämtliche dem Kunden zufließende Liquidität als auch alle Vermögenswerte Einfluss. Dies bedeutet: vom klassischen liquiden Geldvermögen (z. B. Geldguthaben, Wertpapiere und Versicherungen), Immobilien (inklusive der selbst bewohnten), Beteiligungen und sonstige Vermögenswerte wie Kunst, Schmuck oder Autos.

Ein solcher Finanzplan ist umfangreich und soll nach Möglichkeit einen vollständigen Überblick über das eigene Vermögen und die Liquiditätssituation wiedergeben. In der Praxis ist festzustellen, dass ein vollständiger Finanzplan höchst selten Einzug in die Beratungspraxis findet. Hintergründe dafür sind zumeist im Aufwand bei der Erstellung wiederzufinden. Von dem Erstkontakt bis hin zur Präsentation des fertigen Gutachtens können gerne einmal 30 bis 40 Arbeitsstunden vergehen. Genannter

Arbeitsaufwand ist ein entscheidender Faktor neben der benötigten Softwareunterstützung und dem Fortbildungsstand der jeweiligen Berater, die den Preis für diese Dienstleistung bestimmen. Umfangreiche Vollgutachten werden daher, wenn vergütet, im Bereich eintausend Euro aufwärts angesetzt.

Aus diesem Grund und weiteren, wie dem des benötigten Fachwissens in den unterschiedlichsten Bereichen und dem Kostenaufwand, werden Finanzpläne selten in Form eines vollumfänglichen Gutachtens angeboten. Zumeist sind Themenpläne im Praxisalltag zu finden[45]. Themenpläne (auch Teilgutachten genannt) fokussieren sich auf ein oder mehrere Teilbereiche aus einem Vollgutachten. Innerhalb dessen werden ausschließlich die gewählten Bereiche beleuchtetet. Wechselwirkungen auf anderweitige Bereiche werden bedingt eingebracht oder bleiben außen vor. Diese Form der Gutachten

---

[45] Financial Planning Standard Board Deutschland (fpsb.de)

liefert gezielt Antworten auf bestimmte Fragestellungen und wird mit aus diesem Grund aus wirtschaftlichen Aspekten von den Bankinstitutionen bevorzugt.

Ein Finanzplan im Sinne des Vollgutachtens ist ein anschauliches Beispiel für die unterschiedlichen Ebenen und die Vielschichtigkeit eines Vermögen. Insbesondere lässt sich feststellen, dass Banken und Versicherungen vielfach lediglich ihr Gebiet der Expertise bedienen. Abseits dessen werden zumeist wenige Dienstleistungen und Produktlösungen geboten. Stark verallgemeinernd lässt sich feststellen, dass Banken einen starken Fokus auf die Bereiche der Geldanlage und Kreditvergabe haben. Beides stellt aus historischer Sicht die typischen Kerngeschäftsfelder einer Bank dar[46]. Gleiches gilt für eine Versicherung:

---

[46] wikipedia, Bank - Funktion der Bank

diese findet ihre historischen Wurzeln in der Absicherung von Risiken[47].

Die genannten Schwerpunkte finden sich aufgrund der langen Historie in den Branchen nach wie vor wieder. Ebenso ist festzustellen, dass sich jeder auf seine eigene Expertise konzentriert und im allgemeinen bei dieser verweilt. Seit der jüngeren Vergangenheit ist allmählich ein Aufbrechen dieser alten Krusten in Sachen historischer Expertise zu bemerken. Dieser Wandel ist unter anderem auf rückläufige Erträge im normalen Bankgeschäft[48] zurückzuführen. Hand in Hand mit dieser Veränderung geht das Aufkommen der ganzheitlichen Beratung bzw. die Markteinführung von Beratungskonzepten. Der Wettbewerb hat sich hinsichtlich dieser Dimension nicht nur unter den gleichen Anbieter verstärkt, z. B. unter den Banken, sondern auch unter den branchenübergreifenden Anbietern, zum Beispiel zwischen Banken und

---

[47] wikipedia, Versicherung (Kollektiv)

[48] Bundesbank 2018, Monatsbericht September 2018

Versicherungen. Wenn man so sagen möchte, ist das Zeitalter der Allfinanzanbieter[49] angebrochen, frei nach dem Prinzip: alles aus einer Hand[50].

Die Finanzdienstleistungs- und Versicherungsbranche befindet sich aktuell aus mehreren Gründen in einer Zeit des Umbruches. Auf der einen Seite nimmt der Druck durch sich stark verändernde Ertragsverschiebungen, primär bedingt durch die anhaltende Niedrigzinsphase[51] und damit einhergehenden Ungewissheit (wie lange wird diese noch anhalten bzw. welche weitere Konsequenzen ergeben sich daraus) zu; außerdem durch die

---

[49] Definition gemäß Wikipedia: Allfinanz bezeichnet die Kooperation von rechtlich getrennten Branchen der Finanzdienstleister wie Kreditinstituten (Banken, Sparkassen, Bausparkassen), Versicherern, und Investmentgesellschaften wie auch das Ergebnis dieses Prozesses. ... Zur Allfinanz gehört in jedem Fall ein breites Angebot an Finanzdienstleistungen.

[50] Deutsche Redewendung

[51] Bankenverband, Niedrigzinsen

Formierung neuer (siehe FinTechs[52]) und neuer/alter Mitbewerber. Beide Faktoren führen zu weiteren Konzentrationen innerhalb der beiden Branchen in Form von Fusionen und zum Verschwinden von Instituten sowie auch zur Überdeckung oder zur Neuausrichtung von Geschäftsmodellen[53]. Ein weiterer Faktor ist zudem das sich verändernde Kundenverhalten und die Nachfrage[54]. Nicht vernachlässigt werden dürfen an dieser Stelle der Einfluss der weiterhin zunehmenden Globalisierung und der neuen Medien[55].

---

[52] Der Begriff Fintech bzw. FinTech leitet sich von der Bezeichnung Finanztechnologie. Bei dieser handelt es sich um einen Sammelbegriff für moderne Technologien im Bereich der Finanzdienstleistungen. ... Der Begriff Fintech ist ein Kofferwort und setzt sich aus den Wörtern financial services und technology zusammen. (gruenderszene.de)

[53] Bankenverband, Zahlen, Daten, Fakten - Statistikservice

[54] Dr. Leichsenring, Hansjörg 2018, Bankkunden auf neuen Wegen?

[55] ebed. 53

Beide Einflussfaktoren, der der sinkenden Erträge aus dem klassischen Bankgeschäft[56] und der des zunehmenden Wettbewerbes, führen zu einem Umdenken in Sachen Beratungssystem und zu der Erschließung neuer Ertragsquellen. Die neue Beratungssystematik ist in der ganzheitlichen Beratung gefunden worden. Im Folgenden wird ersichtlich werden, dass es sich bei diesem Begriff der ganzheitlichen Beratung, wie in vielen Bereich, um keinen geschützten und genormten Begriff handelt. Für die nachfolgende Abgrenzung und Beleuchtung soll das eingangs geschilderte Vollgutachten dienen.

Am breiten Bankenmarkt sind zwei repräsentative Beispiele der standardisierten Beratung zu finden: bei der Sparkassenfinanzgruppe sowie bei den Genossenschaftsbanken. Beide verfügen über langjährige Beratungssysteme mit den Marken des

---

[56] ebed. 53

Sparkassen-Finanzkonzeptes[57] und der genossenschaftlichen Beratung[58]. Beide Systeme und Beratungsphilosophien sind durch einen hohen Grad an Automatisierung und Standardisierung gekennzeichnet. Beide sind typische Kennzeichen für den Bereich der sogenannten Standard-Privatkunden.

Die Kundengruppe der Standard-Privatkunden wird auch als Massen- oder Mengenkundengeschäft bezeichnet. Kennzeichnend für diese ist das Verhältnis von Berater zu der Anzahl der zu betreuenden Kunden: zumeist beläuft sich dieses in diesem Kundensegment auf 1:2000 oder mehr. In seltenen Fällen können es auch lediglich 1500 Kunden pro Berater sein.

Selbst im Segment der gehobenen Kunden (auch als vermögende Privatkunden bezeichnet) tendieren die Verhältnisse zu mindestens 250 bis hin zu 1000 Kunden pro Berater.

---

[57] Ganzheitliches Beratungskonzept der Sparkassen, siehe sparkasse.de

[58] Ganzheitliches Beratungskonzept der Volksbanken Raiffeisenbanken, siehe vr.de

Das Segment der vermögenden Privatkunden gliedert sich in die Bereiche Standardbetreuung und Individualbetreuung, wobei letztgenannte den Übergangsbereich hin zum Betreuungssegment des Private Bankings beziehungsweise des Wealth Managements bildet. Der Einsatz von Standardisierung und Automatisierung alleine stellt kein Kriterium für die Unterscheidung der genannten Segmente dar – der Grad der Standardisierung und Automatisierung allerdings schon. Ein höherer Grad ist vielfach bei den weniger komplexen Kundenvermögen und -wünschen anzutreffen. Diese lassen sich dadurch zu Gruppen zusammenfassen und entsprechend mit Produktbündeln unterlegen, die diese in der überwiegenden Anzahl nachfragen könnten.

Diese Bündelung hat für das Bankinstitut, neben der Kostenreduzierung durch den Grad der Standarisierung, auf Kundenseite durch die höhere Nachfrage und damit verbunden höheren Absatz auch eine Preisreduktion für die gleichen Leistungen zur

Folge[59]. Aus dieser Perspektive betrachtet ist eine zunehmende Standardisierung nicht als negativ zu werten. Diese wäre dann der Fall, wenn der Kundenwunsch oder die Nachfrage nicht zum Angebot passen würde und bedingt durch die Uniformität des Produktangebotes auf eine unpassende oder nicht ausreichende Lösung zurückgegriffen werden müsste.

Im Bereich der Beratungssysteme sind vorweg zwei grundlegende Arten zu treffen: die produktneutrale und die produktorientierte. Wie eingangs erläutert, ist der Mehrwert eines Finanzplans unter anderem dessen Neutralität. Ein Soll-Ist-Abgleich ist hiervon ausgenommen, da dieser einen Abgleich zu bestehendem Vermögen, Liquidität und Vorsorge gegenüber einer Idealvorstellung beziehungsweise den Kundenwünschen darstellt. Auf diesem aufbauend folgen Vorschläge für die Optimierung der Ist-Situation bis hin zur Zielvorstellung. Gerade diese

---

[59] karteikarten.de, Einflussfaktoren auf Angebot & Nachfrage

Optimierung kann auf die eine produktneutrale oder produktorientierte Art erfolgen. Die Neutralität des Finanzplanes unterstreicht dessen Selbstständigkeit und ermöglicht es, diesen als losgelöste und unabhängige Dienstleistung anzubieten. Dadurch ist dem Kunden die Möglichkeit gegeben, nach einer Auftragsvergabe für den Finanzplan oder die ganzheitliche Beratung einen neuen Partner für dessen Umsetzung zu wählen. Dies ermöglicht beiderseits, auf die Erfahrungen und Zusammenarbeit während der Finanzplanung aufzubauen oder, falls notwendig, einen neuen Partner zu finden. Eine produktorientierte ganzheitliche Beratung hat diesen Vorteil nur bedingt, da beim Wunsch nach einer Umsetzung ein Partner benötigt wird, der die gleichen Lösungen liefern kann und möchte. Aus Sicht eines Anbieters oder Dienstleisters (wie es eine Bank ist), ist es nachvollziehbar, wenn primär die produktorientierte Beratungsform gewählt wird. Dies ist aus Gründen der Kosteneffizienz vorteilhafter und der Kunde wird an das eigene Haus gebunden, beziehungsweise es folgt eine bedingte Abhängigkeit, wenn die Umsetzung des Vorschlags gewünscht ist.

Beide Faktoren erklären den vorwiegenden Einsatz von produktorientierten Beratungen. Das Thema der Automation ist ein anderes, insbesondere bezogen auf den Einsatz von softwarebasierter Unterstützung. Hier gilt wie in vielen Bereichen: je größer die Möglichkeit nach Individualisierung sein soll, desto preisintensiver ist eine Softwarelösung; und je standardisierter eine Lösung ist, desto preiswerter ist diese. Der Einsatz von Software kann ganz unterschiedliche Anforderungen erfüllen, von simplen grafischen Aufarbeitungen von Datensammlungen bis hin zu komplexeren Auswertungen und Lösungspräsentationen. In der ganzheitlichen Beratung bietet diese die Möglichkeit, Daten anhand standardisierter Fragebögen oder Checklisten einzugeben. Diese sind eine Unterstützung und sogleich ein Sinnbild für die Standardisierung.

Primär wird hiermit das Ziel verfolgt, dass Angaben zielgerichtet und in einer bestimmten Abfolge erfasst werden können, wodurch gleichzeitig die Wahrscheinlichkeit des Vergessens minimiert wird.

Nach der Erfassung der Daten innerhalb der Softwareanwendung können diverse Auswertungen erstellt werden, woraus erste Erkenntnisse gewonnen werden können. An dieser Stelle können bereits weitere Unterschiede zwischen einer Finanzplanung und ganzheitlichen standardisierten Beratungssystemen gezogen werden. Die Beratungssysteme bieten innerhalb der Eingabemöglichkeiten vielfach ein engmaschiges Netz und zumeist ein noch engeres bei der Auswertung und innerhalb der Lösungsfindung. Ein Großteil des zeitlichen Aufwandes innerhalb einer Finanzplanung wird für die Datenaufnahme und Erfassung aufgewendet, da diese die grundlegende Basis für alle weitere Bereiche bildet. Ein besonderer Mehrwert der Finanzplanung ist die Vernetzung einzelner

Vermögenswerte und Bereiche untereinander als auch im Gesamten[60]. Gerade diese Detailtiefe und Vernetzung bleibt überwiegend im Rahmen einer stark standardisierten Beratung zurück.

Welchen Unterschied bildet eine stark standardisierte Beratung gegenüber, zum Beispiel, dem RoboAdvisory[61]? Diese Frage wird, aller Voraussicht nach, in der Zukunft mit zunehmender Häufigkeit zu stellen sein. Existierende Angebote werden in diesem Bereich ausgebaut und der Wunsch von Seiten der Kundschaft nach mehr Selbstverantwortung und einem höheren Grad der Informiertheit nimmt weiter zu.

Mit Blick auf den geschilderten zunehmenden Druck von Seiten der Mitbewerber als auch der des

---

[60] Financial Planning Standard Board Deutschland (fpsb.de)

[61] Unter einem Robo-Advisor versteht man ein intelligentes System, das unter Einsatz von Algorithmen und regelmäßig ohne menschliche Beteiligung Anlageempfehlungen für ein optimiertes Portfoliomanagement gibt. Ein solches System kann die entsprechenden Empfehlungen oftmals auch direkt und automatisiert für den Kunden umsetzen. Ebenfalls gängig sind derartige Systeme zur Unterstützung menschlicher Anlageberater. (Gabler Wirtschaftslexikon)

abnehmenden Ertrages stellt sich in diesem Zusammenhang zudem die Frage, wie sich existierende Anbieter positionieren möchten. Vielleicht sollten an dieser Stelle auch zwei Werbebotschaften bzw. Marketingstrategie überdacht werden: „Geiz ist geil"[62] und „Der Kunde ist König".

Beginnend mit letzterem wäre es sicherlich vermessen zu sagen, dass der Kunde nicht im Mittelpunkt stehen sollte oder dass die Unternehmensinteressen vor der des Kunden stehen sollten. Ein Gleichgewicht zwischen beiden Aussagen ist aller Voraussicht nach eine Mehrwert generierende Basis. Beide, Kunde und Anbieter, sollen sich auf Augenhöhe begegnen[63].

An diesem Punkt sollten drei Aspekte nicht außer Acht gelassen werden: Kunde als auch Bank benötigen

---

[62] Saturn ab Okt. 2002 Werbeslogan in Deutschland

[63] Metapher

einander; eine Bank ist ein Wirtschaftssubjekt[64], das nach Gewinnerzielung strebt; und eine Dienstleistung ist ein Gut vergleichbar dem einer Ware.

---

[64] onpulson, Definition: Ein Wirtschaftssubjekt ist in der Volkswirtschaftslehre die Bezeichnung für jede wirtschaftlich selbständig handelnde Einheit. Dies kann z.B. ein privater Haushalt, eine Einzelperson, eine Institution oder ein in-oder ausländischer Staat sein.

Mentalitäten „Geiz ist geil[65]" und „Der Kunde ist König"

Beide Werbeslogans werden aus dem vorherigen Kapitel nochmals aufgegriffen und vertieft. Wie in den unterschiedlichsten Bereichen des Leben festzustellen ist, sind gerade in jüngster Vergangenheit beide Slogans trotz ihres Alters regelmäßig anzutreffen.
Es gilt, wie im vorherigen Kapitel erwähnt, dass eine Bank ein Wirtschaftssubjekt ist. Dies ist unabhängig von der Zugehörigkeit zu den Privatbanken, den öffentlich-rechtlichen Banken oder den Genossenschaften der Fall. Auch die staatlichen Bankinstitute wie die Kreditanstalt für Wiederaufbau (KfW) oder wie die L-Bank aus Baden-Württemberg haben die Absicht, Gewinne zu erwirtschaften[66].

---

[65] Saturn ab Okt. 2002 Werbeslogan in Deutschland

[66] Dr. Bock, Kurt, Welche Rolle haben Unternehmensgewinne? Unternehmenserfolg und gesellschaftliche Verantwortung

Alleine durch diese Feststellung ist es fraglich, aus welchem Grund kostenverursachende Dienstleistungen kostenlos angeboten werden[67]. An dieser Stelle soll nochmals erwähnt werden, dass versucht wird, einen Sachverhalt zu schildern, ohne für eine Seite Partei zu ergreifen.

Wenn die Perspektive zu einem produzierenden Unternehmen oder einem Handelsunternehmen gewechselt wird, so sind sich beide Seiten, Kunde und Unternehmen, einig, dass das Gut beziehungsweise die Ware gegen einen bestimmten Wert in Form von Geld erworben werden kann. Unabhängig vom zugrundeliegenden Gut steht fest, dass dieses während der Herstellung Vorleistungen wie den Einsatz von Materialien, Kapital und Arbeit erfordert[68]. Wer kann sich auch vorstellen, ein Auto zu erwerben oder den

---

[67] Groth, Julia 2018, Bei diesen Banken gibt es die letzten kostenlosen Girokonten

[68] Gabler Wirtschafslexikon

wöchentlichen Einkauf zu tätigen, ohne dafür Geld ausgeben zu wollen.

Gleiches gilt für den Dienstleistungsbereich: ein Handwerksbetrieb, Rechtsanwalt oder Steuerberater erwartet für seine geleistete oder noch zu leistende Arbeit eine Gegenleistung in Form von Geld. Alle drei exemplarisch genannten Berufe rechnen ihre Dienstleistung nach dem Arbeitsaufwand und/oder einem Stundensatz ab. Die Erwartungshaltung ist bei beiden genannten Beispielen unverändert. Für Kunde als auch für das Unternehmen ist es selbstverständlich, dass der Bezug der Ware oder Dienstleistung eine Gegenleistung in Form eines zu entrichtenden Preises bedingen.

Wenn dieser Zusammenhang und die Erwartungshaltung in die Branche der Finanzdienstleistungen und der Versicherungen übertragen wird, so ist in letztgenanntem dieselbe Erwartungshaltung vorzufinden. Es scheint außer

Frage zu stehen, dass ein Versicherungsschutz eine entsprechende Prämie erfordert.

Ein Unterschied ist allerdings seit geraumer Zeit[69], dass in detaillierter und standardisierter Form die Gebühren offengelegt werden müssen. Gleiches gilt für die Provisionszahlungen, die ein eingeschalteter Vermittler erhält: diese müssen ebenso dargelegt werden. Interessant ist dieser Aspekt insbesondere dahin, dass bei dem Erwerb einer Ware oder einer anderweitigen Dienstleistung (wie beim vorgenannten Beispiel des Handwerkers), Kosten in Form von Provisionen oder Gewinnanteilen nicht aufgeschlüsselt und gezielt darauf hingewiesen werden müssen. Oder wurde Ihnen beim letzten Autokauf (Gebrauchtwagen oder Neuwagen) dargelegt, wie hoch die Vermittlungsprovision des vermittelnden Händlers ist oder wie hoch die Gewinnmarge des Autobauers selbst ist?

---

[69] Directive 2014/65/EU (MiFID II)

Erlaubt sei an dieser Stelle ein Verweis auf die Werbung, wonach die Mehrwertsteuer in Höhe von 19,00% erstattet wird[70]. Es ist stark davon auszugehen, dass sowohl der verkaufende Handelsbetrieb als auch der Produzent trotz dieses Rabattes nach wie vor an dem Verkauf einen Gewinn erzielen. Dies ist auch aus mehreren Gründen vollkommen nachvollziehbar. Es könnte so formuliert werden, dass ein Unternehmen zur Gewinnerzielung verpflichtet ist. Wie soll dieses auch sonst auf unbestimmte Dauer überlebensfähig sein[71].

Zurückzukommend auf die Finanzdienstleistungsbranche wurden jüngst die gesetzlichen Vorgaben[72] unter anderem hinsichtlich der Transparenz in Sachen Offenlegung von Gebühren

---

[70] Werbeaktion Media Markt

[71] Dr. Bock, Kurt, Welche Rolle haben Unternehmensgewinne? Unternehmenserfolg und gesellschaftliche Verantwortung

[72] Directive 2014/65/EU (MiFID II)

und Provisionen verstärkt. Geschildertes ist insbesondere im Bereich der Wertpapiere zu finden. Hierbei sind anfallende Kosten offenzulegen und dem Kunden vor der jeweiligen Auftragsvergabe aufzuzeigen[73]. Dies ist sicher sowohl von Seiten der Bank als auch von Seiten des Kunden nachvollziehbar und war auch vor Einführung der neuen gesetzlichen Verpflichtung weitläufig gängige Praxis. Weiterhin besteht die Vorgabe zur der Mitteilung der Vertriebsvergütung, die durch den Produktlieferanten an das vermittelnde Institut bezahlt wird. Eine Folge der geschilderten neuen Gesetzgebung ist u. a. die Untersagung von Rückvergütungen (Kickbacks) innerhalb von vermögensverwaltenden Mandaten und von Vergütungen durch Produktlieferanten, die nicht im Zusammenhang mit Schulungsmaßnahmen oder dergleichen stehen[74]. Kickbacks oder Rückvergütungen im Rahmen von

---

[73] Directive 2014/65/EU (MiFID II)

[74] ebed. 72

Vermögensverwaltungen sind in diesem Punkt interessant, da diese an den Kunden ausgezahlt/ ausgekehrt werden müssen: sprich der Produktlieferant vergütet dem Vermögensverwalter aufgrund des getätigten Investments einen gewissen Betrag, diese Rückvergütung muss an den Kunden ausbezahlt werden. Interessant ist diese Regelung des Gesetzgeber insbesondere, wenn ein Vergleich mit anderen Branchen gezogen wird. Ebenso sei hier der Vergleich mit einem Handwerksbetrieb erlaubt. Dieser erwirbt seine Verbrauchs- und Arbeitsmaterialien zumeist bei einem Großhändler. Bei diesem werden vielfach andere preisgestalterische Möglichkeiten eingeräumt als bei einem herkömmlichen Baumarkt. Der möglicherweise abweichende Preis, zu dem der Handwerker dann die Waren an seinen Endkunden weitergibt, wird nicht offengelegt.

In diesem Zusammenhang sollten vielleicht auch Bank- sowie Versicherungsprodukte gesehen werden. Bei diesem Vergleich sollte allerdings nicht vergessen werden, dass eine Bank und ein Versicherungsvertrieb ohne den Erhalt von Provisionen vielfach keine Erträge aus einem Produktvertrieb erhalten. Aufbauend auf das vorherige Beispiel wäre dies vergleichbar mit einem Handwerksbetrieb, der seine Arbeitsstunden nicht in Rechnung stellt und lediglich am Handel, also dem günstigen Einkauf und dem teurerem Verkauf seiner Waren, einen Ertrag erzielt.

Diesen Vergleich im Gedächtnis behaltend wechseln wir nun die Perspektive auf die im Bankenbereich gängigste Dienstleistung überhaupt: das Girokonto samt EC-Karte.

Gestatten Sie mir an dieser Stelle ein paar Zeilen, um die vielen Dienstleistungen in diesem Zusammenhang aufzuführen. Ein Girokonto bildet die Basis für den persönlichen Zahlungsverkehr in Form von Überweisungen, Lastschriften, Daueraufträgen und Auslandsüberweisungen. Weiter sind Verfügungen von Bargeld möglich und es können Zahlungen, z. B.

Gehalt und Renten, auf dieses bezogen werden. Dafür stellen die Banken untereinander ein breites Netzwerk zur Verfügung, über das Transaktionen abgewickelt werden können. Außerdem stellt das Girokonto die Basis für Bargeldverfügungen an Geldautomaten national und international dar. Auch kann z. B. mittels EC-Karten weltweit bargeldlos bezahlt werden. Für diese Dienstleistungen stellen die Banken die benötigte Infrastruktur bereit.

Für einen einfachen Transfer sind zumeist mindestens zwei Banken sowie deren Rechenzentren involviert. Über sämtliche Transaktionen, die über ein Girokonto getätigt werden, werden ausführliche Berichte in Form von Kontoauszügen bereitgestellt.

Diese Aufzählung soll bewusst nicht vollumfänglich sein und lediglich einen Einblick in die Vielfalt der Dienstleistungen geben, die im Zusammenhang mit einem Girokonto stehen. Sicherlich ist der Einwand gerechtfertigt und weist einen wahren Kern aus, wenn behauptet wird, dass hier viel von Computern und deren Software übernommen wird. Dies ist sicherlich richtig, dennoch verlangt der Einsatz von Software nach Lizenzen, die entsprechende Entgelte kosten, sowie Serverkapazitäten, Hardware und Back-up-Systeme. Hinter all dem verbirgt sich dennoch eine gewissen Anzahl an Personen, die für ihre Arbeit Gehälter beziehen.

Aus diesem Grund kann folgende Aussage schlussfolgernd getroffen werden: selbst für eine Direktbank[75] stellt die Unterhaltung eines Girokontos im ersten Moment einen Kostenfaktor dar. Die Höhe der entsprechend anfallenden Kosten unterscheidet sich je nach Bank, insbesondere im Vergleich von Direktbank und einer Bank mit Repräsentanzen[76].

---

[75] Direktbanken (englisch *direct bank, online bank*) sind Kreditinstitute, die Bankgeschäfte ohne eigenes Filialnetz betreiben und dabei keinen persönlichen Kontakt zu ihren Kunden benötigen. Gegensatz sind die Filialbanken.

[76] Mente, David 2007, Kritischer Vergleich zwischen Direktbanken und Filialbanken

Doch was tun mit einer Dienstleistung oder einem Produkt, das gewisse Kosten verursacht? Sicherlich sind die zwei folgenden Lösungen offensichtlich: die Ware oder Dienstleistung wird für einen angemessenen Preis angeboten und zugleich wird mit Maß versucht, die Kosten entsprechend gering zu halten[77].

Wenn der Schritt der ersten Lösung (ein angemessenes Engelt) nicht gegangen wird, wäre die logische Konsequenz im Sinne einer betriebswirtschaftlichen Denkweise, dieses Produkt oder diese Dienstleistung nicht weiter im Sortiment zu führen. Sprich, das Produkt oder die Dienstleistung wird vom Markt genommen. Ein solches Vorgehen ist gestandener Maßen bei einer Dienstleistung wie der des Girokontos nicht darstellbar[78].

Eines ist ebenso offenkundig ersichtlich: das Angebot einer Dienstleistung, die Kosten verursacht ohne

---

[77] bwl24.de 2008, Entscheidungstheorie: Minimax, Maximal oder die Nutzenoptimierung bei Unsicherheit

[78] bundesregierung.de, Jeder hat das Recht auf ein Konto

entsprechendes Entgelt einzubringen, wäre betriebswirtschaftlicher Selbstmord.

Somit verbleibt Lösungsweg C. Wenn das eigentliche Produkt oder die Dienstleistung keinen oder einen zu geringen Ertrag erzielen kann oder darf, so müssen diesen Zusatzgeschäfte erwirtschaften. Beim Angebot einer kostenlosen oder einer deutlich zu gering bepreisten Dienstleistung ist ein Zusatzgeschäft oder ein mit dem Angebot verbundenes Geschäft unabdingbar.

Es drängt sich die Frage auf (gewiss sehr direkt formuliert): welcher zwingende Grund oder welche Notwendigkeit besteht, ein Girokonto mit allen verbundenen Dienstleistungen kostenlos anzubieten? Oder gar die wahnsinnige Idee, dafür eine Prämie in Form von Bargeld anzubieten?

Ein passendes Sprichwort hierzu lautet: „Etwas, das nichts kostet, ist nichts wert."[79]. Eine wertvolle Dienstleistung darf Geld kosten.

An dieser Stelle dürfen ebenso moralische Aspekte angeführt werden. Fest stehen dürfte die Schlussfolgerung, dass, wenn eine kostenverursachende Dienstleistungen angeboten wird, die entstehende Kosten durch entsprechende Mehrerträge anderweitige aufgewogen werden müssen, um einer Gewinnerzielungsabsicht nachzukommen. So ist das Angebot eines kostenlosen Girokontos eine Erklärung dafür, anderweitig höhere Gebühren in Rechnung zu stellen.
Zugegeben: diese Aussage ist plakativ formuliert, dennoch trifft diese bei einer Gesamtbetrachtung den Kern. Ein auf den ersten Blick kostenloses Girokonto kann tatsächlich nicht kostenlos sein. Eine Subventionierung erfolgt innerhalb des Unternehmens.

---

[79] Albert Einstein 1927

Es stellt sich die Frage, warum eine Dienstleistung oder ein Produkt wie das des Girokonto keinen transparenten Preis erhalten soll, w odurch eine verdeckte Quersubventionierung[80] vermieden werden könnte.

Doch aus welchen Gründen empfehlen Verbraucherzentralen und -schützer überwiegend den Abschluss eines kostenlosen Girokontos? Ist denn das Credo „Geiz ist geil"[81] der entscheidende Faktor? Sollte nicht der Umfang und die Qualität der Dienstleistung, die zu einem fairen Preis angeboten wird, ausschlaggebend sein? Unter dem Begriff *fair* ist in diesem Zusammenhang ein Preisgefüge gemeint, das sich in den entsprechenden Wettbewerb eingliedert und ein angemessenes Entgelt nach den beinhaltenden Leistungen darstellt.

Ist es denn im Sinne des Schutzes der Verbraucher, Druck auf Unternehmen auszuüben, damit diese

---

[80] siehe Definition börsenverein.de

[81] Saturn ab Okt. 2002 Werbeslogan in Deutschland

Produkten und Dienstleistungen mit Preisen anbieten, die nicht kostendeckend sind? Wäre eine möglichst großen Transparenz und eine tatsächlich gelebte Fairness zwischen Verbraucher und Unternehmen nicht viel mehr im Sinne des Verbrauchers? Dazu gehört auch das Zugeständnis, dass ein Unternehmen, das maßvolle Gewinne erzielt, dem Verbraucher förderlicher ist als jenes, das rote Zahlen schreibt?

Geiz ist sicherlich nicht geil im Sinne vom reinen Streben nach Gewinnmaximierung[82]. Dies gilt auch für das Sparen, wo es nur geht.
Die Erwartungshaltung nach dem Verbau von italienischem Carrara-Marmorplatten zum Preis von Kunststofflaminat ist sicherlich vermessen. Ein jeder

---

[82] Dr. Bock, Kurt, Welche Rolle haben Unternehmensgewinne? Unternehmenserfolg und gesellschaftliche Verantwortung

von uns sollte sich eingestehen, dass „Geiz nicht geil ist"[83].

„Der Kunde ist König."[84] ist ein vielfach und gern zitiertes Sprichwort. Zumeist ist es ein Zitat, das gehört wird, wenn dies nicht in der aktuellen Situation der Fall ist. Oder es wird eben so gerne angeführt, wenn in einer Situation betont werden sollte, dass in diesem Moment für den Kunden alles gemacht wird.
Eine zweite, gern zitierte Aussage lautet „Servicewüste Deutschland"[85]. Die Wahrheit liegt wie so häufig in der Mitte, ein weiteres bekanntes Sprichwort[86]. So sollte auch die Erwartungshaltung in der Mitte und somit ausgewogen liegen.

---

[83] Saturn ab Okt. 2002 Werbeslogan in Deutschland

[84] Metapher

[85] Tödtmann, Claudia 2015, Wenn das Unternehmen noch nicht mal das Problem versteht

[86] Ulrich Erkennrecht, 1974

Beginnend mit dem Zitat der „Servicewüste Deutschland" ist festzuhalten, dass am Servicelevel und der Bereitschaft stetig gearbeitet und diese weiterentwickelt werden können. Dies trifft insbesondere auf den Bereich der Dienstleistungen zu, da hier der Kontakt zwischen Unternehmen und Kunden im Mittelpunkt steht. Der Begriff der Servicewüste erklärt sich darin, dass zumeist Dienst nach Vorschrift abgehalten wird. Hierunter wird verstanden, dass ein Kundenwunsch, wenn dieser so nicht möglich ist, abgelehnt wird. Wenn dieser im Standardformat erfüllt werden kann, vollständig oder teilweise, dann wird eben dieses Standardformat angeboten. Diese Botschaft der Erfüllung nach Standardmaß schwankt innerhalb der Kundenbeziehung mit.

Dieses Verhalten oder dieser Servicelevel ist dann besonders ärgerlich, wenn einem Wunsch nicht entsprochen werden kann. In einem solchen Fall wird diese Ablehnung als solche kommuniziert. Selten wird allerdings versucht, den Wunsch des Kunden zu verstehen und das dahinterliegende Interesse bestmöglich zu erfüllen. Die Orientierung am Anspruch, das bestmögliche für den Kunden zu liefern, ist eher rar zu finden. Diese Denkweise oder Herangehensweise ist insbesondere im Reklamationsfall hinderlich. Hier sprechen regelmäßig Unternehmen am eigentlichen Kundeninteresse vorbei.

Hierzu ein gewohntes Beispiel: ein Kunde vereinbart einen Termin bei seinem Friseur, der als solcher bestätigt wird. Zum vereinbarten Zeitpunkt betritt der Kunde den Salon. Beim Ankommen wird er gefragt, ob er nochmals kommen kann, da es eine Verzögerung gab. Dieser Kunde kommt zu der zugesagten späteren Zeit wieder. Bei diesem zweiten Anlauf wird er gebeten, Platz zu nehmen und sich für eine kurze Zeit zu gedulden. Die Wartezeit beträgt in etwa 15 Minuten. Die Friseurin, zufälligerweise ebenso Inhaberin des Salons, entgegnet, als sie auf dieses

Missgeschick angesprochen wird, dass sie es sich nicht leisten kann, entsprechende Verzögerung vorher telefonisch anzukündigen. Zudem wurde auf die nicht vorliegende Telefonnummer verwiesen.

Die Frage stellt sich, ob sich dieser Kunde und die Unternehmerin in Zukunft weiterhin begegnen werden.

Das Aufgezeigte ist sicherlich die eine Seite der Medaille in Sachen „Der Kunde ist König.[87]". Die andere Seite zielt auf die Seite des Kunden ab. Das Zusammenspiel zwischen Kunde und Unternehmen kommt in der Betrachtung des Sprichwortes zu kurz, da dieses einseitig auf die Position des Kunden abstellt.

Primär wird in diesem Sprichwort die Position des Kunden betont: dieser steht im Mittelpunkt und für dessen Wohlbefinden soll gesorgt werden. Die Wünsche des Königs bzw. Kunden stellen die

---

[87] Metapher

zentralen Punkt dar und es gilt, diese zu erfüllen. Somit suggeriert dieses Sprichwort, dass sich das Unternehmen dem Kunden fügen muss. Eine andere Seite ist in der Wortwahl der Vergangenheit bei Banken zu finden. Hier wurde vielfach die Wortwahl der Kreditgewährung gewählt. Sprich der Kunde war in diesem Fall ein Bittsteller bei der erhabenen Bank. Was will hiermit zum Ausdruck gebracht werden? Die Balance bzw. die Begegnung auf Augenhöhe[88] ist ein entscheidender Faktor. In einer Situation (insbesondere während einer Verhandlung) fällt es beiden Parteien leichter, wenn sie das Gefühl haben, hinsichtlich der Kräfteverhältnisse auf der gleichen Ebene zu stehen. Dadurch wird dem Bedürfnis nach einer Übervorteilung oder Kompensation einer fehlenden Stärke vermieden. Beides ist für den Prozess der Verhandlung oder im Gespräch nicht förderlich.

---

[88] Deutsches Sprichwort

Da das Sprichwort „Der Kunde ist König." nach wie vor tief verankert ist, was vielfach insbesondere im Dienstleistungsbereich der Fall ist, entstehen Fehlentwicklungen.

Mit Fehlentwicklungen ist beispielsweise gemeint, dass etwa Kundenverhalten, das als solches als nicht angemessen eingeschätzt werden muss, dennoch toleriert wird. Dieses Verhalten ist oft auf die Kunden selbst zurückzuführen, da der Kunde ja schließlich König ist, und als dieser darf man sich gewisses Verhalten anmaßen. Diese Meinung wird gestärkt durch die Annahme, dass das Unternehmen auf jeden Kunden angewiesen ist. Glücklicherweise trifft gerade letzteres zumeist nicht die Realität.

In der Realität wird dieses Verhalten (insbesondere wirklich ausfälliges Kundenverhalten gegenüber Mitarbeitern) zumeist in der Form toleriert, dass bei Reklamationen eine pauschale Entschuldigung erfolgt und erst einmal ein Fehlverhalten des Unternehmens unterstellt wird. Auch wenn ein Fehlverhalten im Verlauf der Sachverhaltsklärung gefunden wird, so wird das Kundenverhalten regelmäßig nicht gerügt. Die Reaktion fällt hierbei in Richtung der Mitarbeiter mit der Bitte um eine größere Rücksicht aus. Dieses Vorgehen wird bei Unternehmen zum Schutz der Kundenbeziehung gewählt. Indirekt wird durch dieses Verhalten der Unternehmen das Kundenverhalten und die eigentlich fehlerhafte Annahme dessen bestätigt.

Zusammenfassend sei gesagt, bezogen auf die Zitate „Geiz ist geil"[89] und „Der Kunde ist König."[90], dass die Wahrheit bekanntlich in der Mitte liegt. Geiz alleine macht nicht glücklich, so wie auch Geld maßlos zu verschwenden nicht zum Vermögen führt. Der Kunde ist weder Bittsteller noch als König anzusehen.

Eine gute und wertvolle Beziehung zwischen Kunden und Unternehmen entsteht und bleibt erhalten, wenn

---

[89] Saturn ab Okt. 2002 Werbeslogan in Deutschland

[90] Metapher

diese partnerschaftlich auf Augenhöhe mit dem notwenigen Respekt geführt wird. In einer solchen ist der Lohn für den Kunden eine Lösung für sein Bedürfnis, seinen Wunsch oder sein Problem. Der Lohn für das Unternehmen ist ein entsprechender und angemessener Ertrag für die investierte Arbeit.

Nur so wird gewährleistet, dass das Unternehmen in der Zukunft fortbesteht und der Kunde willens ist, eben dieses Unternehmen weiterhin mit seinen Bedürfnissen zu betrauen.

Das richtige Angebot

Nachdem der Bereich der Beratungssysteme sowie die Beziehung zwischen Kunden und Unternehmen bis zu einer gewissen Tiefe analysiert wurden, kommt nun das eigentliche Angebot – beziehungsweise die Frage, wie dieses richtige Angebot ausgewählt wird.

Doch lassen Sie uns zuvor ein anderes Gebiet beleuchten: das Thema der Tests für Beratungsqualität, Gütesiegel und sonstige Berichte in diversen Zeitschriften.

Tests und Siegel sind etwas tolles. Diese suggerieren einen einheitlichen Standard, die Überprüfung dieses Standards und die Einhaltung gewisser Mindeststandards bzw. prangern Missstände öffentlich an und bewirken hiermit Verbesserungen.

Doch ist dies wirklich so? Unabhängig von der Branche oder dem Umfeld, ob privat oder beruflich, die gefühlte Wahrnehmung wird sprichwörtlich überfordert mit der Fülle der Testresultate, Siegel und sonstigen Auszeichnungen.

Dieser Trend ist ebenso in der Finanzbranche spürbar und erhält Einzug in die tägliche Praxis. In Produktpräsentationen ist regelmäßig mindestens eine Seite mit diversen Auszeichnungen zu finden. Ebenso werden Werbematerialien verteilt, die lediglich den Zweck verfolgen, über neue Auszeichnungen zu informieren. Repräsentanten schwärmen von den gewonnenen Auszeichnungen, Bilder von Überreichungen machen die Runde und die Schaufenster werden mit diversen Siegeln beklebt und geschmückt.

Doch lassen Sie uns einen tieferen Blick hinein werfen. Für diesen muss zwischen zwei Kategorien unterschieden werden: Produkttests und Tests für Beratungs- oder Dienstleistungen. Produkttests verlaufen zumeist in der Form, dass abgesteckt wird, welche Art von Produkt getestet werden soll. Dafür wird ein entsprechender Prüfrahmen festgelegt, sprich es werden Faktoren bestimmt, die geprüft werden sollen und wie diese geprüft werden sollen. Weiterhin gibt es eine Auswertung, in der jeder Faktor ein Gewicht erhält, was in einer Skala resultiert.

Ein Sprichwort sagt: „Glaube keiner Statistik, die du nicht selbst gefälscht hast."[91] Dieses findet in erster Linie in Bezug auf die Erstellung der Statistik oder des Tests seine Wahrheit wieder. Entscheidend sind die zuvor beschriebenen Testaufbauten. Denn diese sind ausschlaggebend, wie das Resultat zu bewerten ist. Dadurch rückt die Intension des Auftraggebers für diesen Test oder die des durchführenden Institutes in die Forderung, welche These oder Aussage mit dem Testergebnis unterstrichen werden soll.

Produkttestes erlauben zumindest dem Unternehmen, das dieses Produkt innehat, die Möglichkeit, an einem solchen Test teilzunehmen oder nicht. Diese

---

[91] Winston Churchill

Entscheidungsmöglichkeit ist zumindest bei einigen Testinstitutionen gegeben.

Dies ist hingegen bei Beratungs- oder Dienstleistungstests mit sogenannten Mysteryshoppern nicht gegeben. Diese Mysteryshopper, auch Testeinkäufer oder Testkunden genannt, können sich für die Durchführung dieser Tests bewerben und werden dafür entlohnt. Regelmäßig (allerdings nicht bei allen) wird bei diesen Testkunden kein Fachwissen oder ein spezifisches Anforderungsprofil vorausgesetzt. Diese rekrutierten Testkunden werden mit einem Musterfall ausgestattet und mit diesem in zuvor abgesteckten Regionen zu definierten Banken gesendet.

Gerade in Großstädten ist es gängige Praxis, dass ein Bankinstitut mehrfach in unterschiedlichen Niederlassungen getestet wird. Es ist nicht ungewöhnlich, dass ein und der gleiche Tester die gleiche Bank in mehreren Orten testen wird. Der Testfall ist jedes Mal der gleiche.

Diese Tests genießen eine hohe Priorität innerhalb der Banken, da zumindest im Anfangsstadium die Test von renommierten Fachzeitschriften durchgeführt und veröffentlicht wurden. Daher war es jedem Bankenvorstand wichtig, in diesen Tests zumindest nicht schlecht abzuscheiden. Der Wunsch oder vielmehr die Erwartung war es hingegen, besser abzuschneiden als der direkte Mitbewerber. Dies ist soweit nachvollziehbar, denn ein solcher Testbericht stellt schließlich zwischenzeitlich eine wichtige Möglichkeit dar, Marketing zu betreiben.

Aus diesem Grund geschieht folgendes, sobald der erste Testkunde in einer Niederlassung eintrifft: Wenn der Berater an einem Punkt (dies kann vor, während oder erst nach dem Gespräch sein) das Gefühl bekommt, dass es sich um einen Testfall handelt, so wird er dies melden. Diese Meldung wiederum führt zu einer bankenweiten Information, dass derzeit Testkunden im jeweiligen Geschäftsgebiet unterwegs sind. Diese Information beinhaltete in aller Regel bereits einen detaillierten Kurzabriss zum bereits stattgefunden Gespräch oder zu den bisher bekannten Informationen. Dies kann soweit gehen, dass bei der Terminvereinbarung bereits bekannt ist, dass es sich um einen Testkunden handelt. Regelmäßig verwenden diese die gleichen Kundennamen und sie müssen sich schließlich an die Vorgaben des Testfalles halten. Soweit so gut, dies ist ein nachvollziehbarer Ablauf.

Dieser Ablauf kann in manchen Fällen allerdings auch andere Ausmaße annehmen: Bereits mit Abschluss des Tests und der Kommunikation der Ergebnisse an die Belegschaft erfolgt der Hinweis auf den möglichen Zeitraum der nächsten Testreihe (meist im kommenden Jahr). Dieser Impuls wird entsprechend zum Jahresbeginn nochmals aufgegriffen, da es schließlich gilt, die vorherigen Testergebnisse mindestens wieder zu erreichen. Am besten sollen diese übertroffen oder besagter direkter Mitbewerber geschlagen werden. Mit dieser Benachrichtigung erfolgt eine detaillierte Präsentation der Fakten des Testfalls im vorherigen Jahr und – wenn bereits bekannt – die des diesjährigen. In dieser finden sich Details wieder, mit denen bereits ein stimmiges Angebot abgefasst werden könnte – ganz ohne Gespräch. Es stellt sich natürlich die Frage, aus welcher Quelle diese Informationen stammen.

Bei diesem bekannten Testszenario ist es im nachfolgenden so, dass nach der Testdurchführung ein Angebot von Seiten der Fachzeitschrift offeriert wird. Dieses beinhaltet diverse werbliche Nutzungsrechte und Möglichkeiten, das Testergebnis für eigene werbliche Aktionen nutzen zu dürfen. Dies reicht vom Kauf von Testsiegeln bis hin zum Erwerb von passenden Pokalen und natürlich dem Bezug von Abonnements der besagten Fachzeitschrift, in der die Testergebnisse veröffentlicht werden, zumeist in extra Einlagen mit der Möglichkeit der Selbstporträtierung.

Fraglich ist sicherlich der Umstand, inwieweit der Verkauf von Nutzungsrechten sowie das Angebot von Abonnements mit einem möglichst neutralen und interessenunabhängigen Testverlauf in Konflikt steht. Dieser Umstand dürfte die Belastbarkeit von Testsiegeln vorwiegend nicht erhöhen.

Doch zurück zum Thema des Kapitels: das richtige Angebot beginnt, unabhängig vom Vorliegen jeglicher Testresultate oder Siegel, mit der Findung der richtigen Partner. Dafür ist es sicherlich vorteilhaft, auf die breitestmögliche Masse an Anbietern zugreifen zu können. Daher ist die Bildung von sogenannten Finanzverbünden wie die der Sparkassen[92] und Landesbanken sowie der Genossenschaften[93] kritisch zu betrachten.

Durch diese wird regelmäßig ein Abhängigkeitsverhältnis unter den Mitgliedern in

---

[92] Sparkassen Finanzgruppe

[93] Finanzverbund der Volksbanken und Raiffeisenbanken

diesen Verbünden geschaffen. Diese können in bestimmten Beziehungen sinnvolle Ergebnisse zutage fördern. Bei Zugehörigkeit zu einem solchen Verbund besteht eine gewisse Notwendigkeit zur gegenseitigen Abhängigkeit, da dieser ansonsten regelmäßig auseinanderzudriften droht. Die angesprochene Abhängigkeit kann aber ebenso zu negativen Entwicklungen führen. So kann ein Produktlieferant bei automatischer Ertrags- und Kundenlieferung durch die anderen Verbundmitglieder dazu neigen, sein Streben nach Wettbewerbsfähigkeit zu vernachlässigen.

Ein weiterer Umstand ist, wenn Impulse von Seiten der Banken an die jeweiligen Institute gegeben werden, mit der Bitte, diese Impulse in ein Produkt einfließen zu lassen. Lassen Sie uns hierzu ein Beispiel anführen: in der Zeit vor der weltweiten Krise, die mit der Subprime-Krise in den USA begann, war alles rund um das Thema Garantie in Mode. Das Versprechen seinerzeit war die Teilnahme an den weltweiten Kapitalmärkten, zumeist in Form eines Aktienindexes. Wenn besagter Basiswert sich positiv entwickelte, so nahm dieses Produkt in gewissem Maß daran teil. Bei einer negativen Entwicklung ist das ursprünglich investierte Kapital geschützt (zumeist abzüglich entstandener Kosten).

Diese Form der Produkte wurde mitunter konzipiert, da diese eine entsprechende Nachfrage am Markt erfahren hatten. Der Zeitverlauf zeigt, dass diese Formen der Geldanlagen sich vereinzelt positiv entwickelt haben. Positiv bedeutete, dass ein höherer Betrag als der der Garantie zurückbezahlt wurde. Im Vergleich zu anderen Anlageformen, die besagte Garantie nicht auswiesen, schnitten die mit Garantie im Vergleichszeitraum mit Blick auf den absoluten Ertrag besser ab.

Doch das Angebot solcher Produkte stieg, da die Nachfrage vorhanden war und weiter wuchs.

Ein zweites Phänomen, das regelmäßig wiederzufinden ist, ist der sogenannte Home-Bias[94]. Dieser Begriff stammt aus der Verhaltensforschung und bezeichnet die Tendenz, sich vorwiegend auf dem heimischen Markt zu bewegen. Dies basiert vorwiegend auf der Annahme, gerade den heimischen Markt besser einschätzen zu können, was mitunter an der leichteren Verfügbarkeit von Informationen liegen könnte. Dieser Home-Bias wird von Produktentwicklern ebenso aufgegriffen, da sich entsprechende Produkte leichter verkaufen lassen. Zum Beispiel werden in München verstärkt Produkte mit Basiswert BMW oder in Stuttgart mit Daimler oder Porsche kreiert.

Beide angesprochene Faktoren haben im ersten Moment wenig mit der Lieferung der eigenen Expertise zu tun, sondern sprechen vielmehr für die

---

[94] wikipedia: Der Begriff Heimatmarktneigung bzw. Equity Home Bias Puzzle bezeichnet die Tendenz von Investoren, Geldanlagen auf dem Heimatmarkt überproportional zu gewichten.

Bedingung oder auch Erzeugung der höchstmöglichen Nachfrage.

Dadurch, so könnte sich ableiten lassen, entstehen entsprechende Fehlbildungen, da der Kunde selten die entsprechende Expertise mitbringen kann und entsprechend die eigene Nachfrage fehlgeleitet sein kann.

Doch soviel zum Produkt an und für sich. Kommen wir nun zum eigentlichen Prozess der Findung des richtigen Produktes. Wie im Kapitel „Vorgaben" geschildert, liegen dem entsprechendem Berater wie auch der Bank Zielplanungen vor. Diese sind nicht produktbezogen, sondern zumeist spartenbezogen oder in einem zusammengefassten Ertragsziel wiederzufinden. Dies stellt für den Berater selbst im ersten Blick eine Entlastung dar, da dieser dadurch nicht unter Druck gerät, ein bestimmtes Produkt absetzen zu müssen. Dieser Vorteil wird bedauerlicherweise durch Vertriebsaktionen und

Kampagnen stellenweise wieder genommen. Der Nachteil von Ertragszielen ist, dass ein Interessenkonflikt zwischen Berater und Kunde dahingehend entstehen kann, dass ein Produkt mit einem höheren Ertrag bevorzugt angeboten wird.

Dieser angesprochene mögliche Interessenkonflikt kann ein erstes Hindernis in der Findung des geeigneten Produktes sein. Ein weiterer ist in der Beratung selbst zu finden – bzw. im Einsatz von Beratungssystemen. Kern eines jeden Gespräches ist die Analysephase. In dieser soll geklärt werden, welche Bedürfnisse der Kunde hat. Je ausführlicher die Analyse ist, desto gezielter passt die spätere Produktlösung. Es kann zusammengefasst werden, dass die Analysephase der Gradmesser für die gesamte Beratung ist. Daher bildet diese auch das Herzstück einer jeden Beratung.

Ziel der Analyse ist es, so viele Informationen wie möglich für die eigentliche Selektion und

Konzepterstellung zu gewinnen. Insbesondere in Grundlagengesprächen (auch gerne als Jahresgespräche bezeichnet) steht die Informationsgewinnung im Mittelpunkt. Diese ist soweit auch zuerst als unkritisch zu bewerten, da die Sammlung von Informationen förderlich ist für eine möglichst zielgerichtete Geschäftsbeziehung.

Durch die Sensibilität der Informationen ist es von besonderer Wichtigkeit, eine gutes und belastbares Vertrauensverhältnis zwischen Bank und Kunde oder Berater und Kunde aufgebaut zu haben. Eine wirkliche messbare Größe gibt es dafür nicht. Diese kann bereits nach einigen Augenblicken bis zu einer gewissen Tiefe gegeben sein oder erst nach mehreren Jahren der intensiven Zusammenarbeit.

Während dieser Phase sollte der Blick nach Möglichkeit auf die jeweilige Gesamtsituation geworfen werden. Dafür ist allerdings eine vorherige Absprache notwendig, wie die gewonnen Daten verwendet werden dürfen und sollen. Insbesondere muss Gewissheit darüber bestehen, dass die Daten nicht vordergründig für die Abwerbung verwendet werden. Dies schafft nicht nur zusätzliches Vertrauen, sondern beweist fachliche Kompetenz. Es wird immer von der Findung von Lösungen und Konzepten gesprochen. Diese Aussage ist insoweit richtig, da das einzelne Produkt wenig Aussagekraft besitzt. Das Zusammenspiel des Gesamten und insbesondere Wechselwirkungen innerhalb des Vermögens sind entscheidend. Dies wird unter dem Begriff der ganzheitlichen Beratung verstanden[95].

Diese Perspektive verlangt von Kundenseite die Bereitschaft, persönliche Daten offenzulegen und über persönliche Vorhaben und Ziele zu sprechen.

Aus diesem Gesamtpakte folgt die spätere Produktlösung sowie das eigentliche Konzept, die sich bestmöglich in das Gesamte einfügen soll. Das reine

---

[95] siehe meine-bank-vor-ort.de, Ganzheitliche Beratung - Modewort oder Inhalt?

Abstellen auf ein einzelnes Produkt sowie beispielsweise Einzelfaktoren aus diesem Produkt verlieren somit an Bedeutung, wenn die Betrachtungsperspektive auf das Gesamte gelegt wird[96]. Ein solcher Perspektivenwechsel sollte daher unabhängig vom Kundenvermögen, Bildungsstand oder Einkommen sein. Doch dafür ist voraussichtlich ein Überdenken bestehender Ertragsquellen und Gebührenstrukturen notwendig. Doch hierzu mehr im nachfolgenden Kapitel.

Das passendste Produkt ist demnach nicht jenes mit dem günstigsten Preis oder das mit dem besten Preis-Leistungsverhältnis, aber auch nicht das, das die meisten Auszeichnungen erhalten hat. Es wird auch nicht das Produkt sein, das eine renommierte oder unabhängige Fachzeitschrift empfohlen hat. Das beste Produkt ist immer noch das, mit dem man sich am

---

[96] siehe meine-bank-vor-ort.de, Ganzheitliche Beratung - Modewort oder Inhalt?

wohlsten fühlt und das am besten die gewünschte Lösung darstellt.

Doch sollte man nun mehr aus dem Bauch heraus entscheiden oder doch lieber den auf den faktenbasierten Kopf vertrauen? Vermutlich ist es die Mischung aus beidem.

Der Kopf wird aller Voraussicht nach die Fakten am geschicktesten prüfen und ist für den logischen sowie analytischen Teil verantwortlich. Der Bauch hingegen ist ein sensibleres Organ, das Wohlbefinden und Zufriedenheit signalisiert. Wenn bekanntlich der Bauch unruhig ist, so ist es früher oder später ebenso der Kopf. Geschlossen könnte werden, dass das Bauchgefühl eine Bestätigung bzw. eine abschließende Analyse von dem darstellt, was der Kopf vorbereitet hat.

Exkurs: Das Wundermittel ETF

Die Stimmen der Fachpresse könnte man überzogen so zusammenfassen: die ETFs sind das Wundermittel oder die sogenannte eierlegende Wollmilchsau. Jeder sollte sein Geld diesen anvertrauen und in keinem Fall einem aktiv gemanagten Fonds. In diesem Zusammenhang sollte der Kunde nicht seiner Bank vertrauen, da die ja nur Geld verdienen will. Schließlich könnte man das ja selbst machen. Eine Zeitschrift titelte: „Mit 1 Euro täglich zum Millionär"[97].

Doch genug der überzogenen Zusammenfassung. Es ist ein wahrer Kampf der unstimmigen Meinungen zwischen den Vertretern des aktiven und dem des passiven Managements.

Wenn die Geldanlage so einfach wäre wie die zitierte Überschrift glauben macht, dann wäre ein jeder

---

[97] Lochner, Mario 2017, So werden Sie mit 10 Euro am Tag zum Millionär

Millionär. Bedauerlicherweise trifft beides nicht zu. Die Geldanlage ist nicht einfach und es gibt ebenso wenig nur Personen mit Millionenvermögen.

Doch zu Anfang die Klärung, was ein ETF den tatsächlich ist. Hinter der Abkürzung ETF verbirgt sich ein Exchange Traded Fund, also ein börsengehandelter Fond. Gemäß dieser Übersetzung darf allerdings festgestellt werden, dass ein Großteil der Fonds an Börsen gehandelt werden kann[98], egal ob passives oder aktives Management. Die Sinnhaftigkeit und Wirtschaftlichkeit, einen aktiven Fonds an einer Börse zu handeln, sei an dieser Stelle vernachlässigt.

Der Begriff der Exchange Traded Funds kann am besten mit dem Begriff der Indexfonds übersetzt werden. Diese werden zumeist gemeint, wenn von ETFs die Rede ist. Ebenso passen diese geschickter in den Vergleich von aktivem und passivem Management. Doch fangen wir mit einer

---

[98] justETF.de, ETF: Was sind ETFs? ETF einfach erklärt

detaillierteren Erklärung dieser zwei Begrifflichkeit an. Unter dem Begriff des aktiven Managements wird das Ziel als auch die Theorie[99] verstanden, dass durch aktives Handeln ein Mehrwert geschaffen wird. Als aktives Handeln wird das Tätigwerden von Menschen verstanden, zum Beispiel in Form von Definitionen von Anlagestrategien, Analyse von Unternehmen oder Marktgegebenheiten sowie taktischen Entscheidungen. Diese Theorie geht von einem unvollkommenen Markt[100] aus, sprich von einer nicht perfekten Börse. Dies bedeutet, es werden zum Beispiel vorhandene Informationen nicht immer gleichzeitig und ohne zeitlichen Versatz verbreitet bzw. zugänglich gemacht

---

[99] Dr. Vincenti, Aurelio J. F. 2012, Vorlesung Portfoliomanagement

[100] ebd. 97

(das ist dann das sogenannte Insiderwissen[101]) und findet somit nicht unverzüglichen Einfluss auf den gestellten Börsenkurs. Demnach könnte durch besser informierte Quellen ein Vorteil genutzt werden. Ohne allzu sehr weiter in die Tiefe zu gehen: dies ist im Groben der Ansatz des aktiven Managements. Die Unvollkommenheit des Marktes soll gezielt für den eigenen Vorteil genutzt werden. Mit dieser Aussage sind keine Kursbeeinflussungen oder manipulativen Taktiken gemeint.

Im Gegensatz hierzu geht die Theorie des passiven Managements[102] von einem vollkommenem Markt aus. Diese Theorie nimmt im Ansatz an, dass sämtliche Informationen umgehenden Einfluss in die

---

[101] wikipedia, Ein Insider bzw. Eingeweihter ist jemand, der über Informationen verfügt, die Außenstehenden bzw. der Allgemeinheit nicht bekannt sind. Er kennt sich also in einem konkreten Sachverhalt genau aus oder ist in bestimmte Dinge oder Verhältnisse eingeweiht. Die Informationen, die der Allgemeinheit nicht bekannt sind, werden dementsprechend als Insiderwissen bezeichnet.

[102] Dr. Vincenti, Aurelio J. F. 2012, Vorlesung Portfoliomanagement

jeweiligen Kurse finden und somit die Preisfindung sämtliche mögliche Faktoren zu jeder Zeit widerspiegeln. Über- und Untertreibungen, also dass eine Aktie z. B. über- oder unterbewertet sein kann, entspricht in einem vollkommenem Markt der Unmöglichkeit. Durch aktiven Einsatz kann kein Mehrwert möglich sein.

Durch diese Sichtweise ist die Investition in den breiten statischen Markt, zum Beispiel einen Aktienmarkt auf Basis eines Indexes, gegenüber in den eines selektiven Portfolios vorzuziehen. Bei einem Index handelt es sich um eine definierte Auswahl, die repräsentativ für einen ebenso definierten Markt steht und in diesem zusammengefasst wird[103]. So handelt es sich zum Beispiel beim DAX 30 um den deutschen

---

[103] boerse.de, Von der Statistik geliefertes Instrument, um Preis- und Mengenbewegungen von Gütern und Wertpapieren (Aktienindex) im Zeitablauf anschaulicher darzustellen. Dies geschieht meist dadurch, dass die betrachteten Werte prozentual bzw. relativ auf eine Basisgröße bezogen werden, die gleich 100 % gesetzt wird.

Aktienindex, der die 30 größten Unternehmen nach Börsenkapitalisierung beinhaltet[104].

Dieser geschilderte Ansatz des passiven Managements findet Einzug in die Gestaltung von ETFs oder Indexfonds. Ein ETF bildet möglichst genau die Wertentwicklung des für diesen Fonds ausgewählten Index nach. Ein aktiver Handel oder strategische sowie taktische Anpassungen erfolgen innerhalb des ETF zumeist nicht. Durch die geringere Aktivität oder auch den geringeren Aufwand sind entsprechend die Kosten eines solchen Produktes niedriger als bei einem vergleichbaren mit höherem Aufwand[105].

Innerhalb der ETFs gilt es drei Ausprägungen zu unterscheiden: zum einen die voll- und

---

[104] onpulson, Definition: DAX® 30 ist die Abkürzung für den Deutschen Aktienindex, der am 30.12.1987 eingeführt wurde. In ihm sind die 30 wichtigsten deutschen Aktienwerte zusammengefasst. Der DAX® ist ein sogenannter Performance-Index, in dem auch die Dividenden und Veränderungen des Grundkapitals berücksichtigt werden.

[105] Hermann, Peter 2018, ETF - Mythos oder das bessere Investment?

teilreplizierenden, zum anderen die synthetischen Formen. Die Problematik beginnt bei ETFs bereits bei der Darstellung der Wertentwicklung des Indexes. Ein Index wird aus bereits existierenden Wertpapieren berechnet und zusammengestellt, zum Beispiel aus Aktien. Indizes wurden ursprünglich kreiert, um einen möglichst einfachen Überblick über bestimmte Märkte zu erlangen[106]. Für diesen Zweck war keine Handelbarkeit mit diesen notwendig. Somit entfiel der Bau in Form eines eigenständigen Wertpapiers. Dies hat zur Folge, dass ein Index an sich nicht erworben werden kann. Dieser Umstand macht sich bei ETFs in Form der drei Ausprägungen bemerkbar.

Im Fall des vollreplizierenden ETF wird der zugrundeliegende Index mit identischem Inhalt und

---

[106] vgl. Definition Index, Definition: DAX® 30 ist die Abkürzung für den Deutschen Aktienindex, der am 30.12.1987 eingeführt wurde. In ihm sind die 30 wichtigsten deutschen Aktienwerte zusammengefasst. Der DAX® ist ein sogenannter Performance-Index, in dem auch die Dividenden und Veränderungen des Grundkapitals berücksichtigt werden. (onpulson)

identischer Gewichtung nachgebildet. Dies erfolgt zum Beispiel im Fall des DAX 30 in der Form, dass alle 30 beinhalteten Unternehmen erworben werden. Werden Anpassungen in Form eines Wechsels der beinhalteten Unternehmen oder deren Gewichtung vorgenommen, so spiegeln diese sich ebenso im ETF. Bei einem Index wie dem des DAX 30, in dem lediglich 30 Unternehmen abgebildet werden müssen, ist dies ohne Frage recht einfach und kostengünstig möglich. Doch bei einem Index wie dem des S&P 500, der 500 Unternehmen beinhaltet, ist dies bereits deutlich aufwendiger. Der Mehrwert einer solchen vollständigen Nachbildung nimmt mit zunehmender Anzahl an Bestandteilen ab. Hier sei auch die Frage der Kosten und Nutzung zu stellen. Ist beispielsweise eine Nachbildung von Indexbestandteilen sinnvoll, die im gesamten ein Gewicht von unter 5 % haben? Die Wertveränderung dieses Einzelunternehmens hält sich bezogen auf das Gesamte in Grenzen. Die Frage ist ob die Wertentwicklung des Einzelnen die Kosten des breit gestreuten auf aufwiegt?

In diesem Fall ist eine Teilreplizierung sinnhafter. In dieser werden die größten Werte oder die Werte mit der höchsten Gewichtung in einem ETF abgebildet[107]. So werden zum Beispiel bei der Abbildung des S&P 500 lediglich 300 bis 400 der Einzelunternehmen in der Nachbildung aufgenommen. Dies ist zum einen kostengünstiger, zum anderen kommt die Partizipation an der Wertentwicklung der des Indexes sehr nahe.

Im Falle der synthetischen Indexnachbildung werden zumeist keine oder nur ein verschwindend geringer Anteil der im Index tatsächlich enthaltenen Unternehmen erworben. Bei diesem wird auf Derivate zurückgegriffen, zum Beispiel in Form von Futures oder eher Swaps[108]. Ein Future ist in einfachen Worten ein Tausch unter zwei Instituten, zumeist Banken. Die

---

[107] justETF.de, Replikationsmethoden von ETFs im Überblick

[108] ebed. 105

eine Bank, die des ETF, ist in Besitz eines Aktienportfolios und tauscht dessen Wertentwicklung gegen die des Indexes, der die Basis des ETF bilden soll. Die Wertentwicklung des Indexes liefert die zweite Bank innerhalb des Swaps. Die sich stellenden Fragen sind: Was haben die beiden Banken hiervon jeweils und aus welchem Grund wird diese Form der Indexnachbildung gewählt. Die Antwort auf letztere Frage kann in zwei Punkten gefunden werden: zum einen ist diese Form der Indexnachbildung die kostengünstigste und zum anderen ermöglicht sie eine Schaffung von ETFs auf Basis von nicht oder nur schwer anderweitig nachbildbaren Indizes. Die Nachvollziehbarkeit sowie die Transparenz eines synthetischen ETF ist verständlicherweise nicht mehr in dem Umfang gewährleistet wie bei einem replizierenden ETF.

Doch kommen wir nun nach der oberflächlichen Definition eines ETF und dessen Konstruktion zurück zum eigentlichen Thema, warum dieser vielfach als Wundermittel dargestellt wird.

Es ist eine zwischenzeitlich recht alte Diskussion, die unter Fachleuten und in der Fachpresse geführt wird in Bezug auf den Nutzen des aktiven und passiven Managements[109]. Hierzu werden zahlreiche Studien und Untersuchungen herangezogen, um die Vorteilhaftigkeit des aktiven als auch des passiven Managements zu unterstreichen oder gar zu beweisen. Je nach Fokus einer solchen Studie ist sicherlich der eine oder andere Beweis erbracht worden. Für ein abschließendes Fazit reicht es, wie häufig zu beobachten ist, nicht. Die Wahrheit ist aller Vermutung nach wie ebenso häufig in der Mitte zwischen beiden Vertretern zu finden.

Festzustellen ist allerdings, dass die angeführten Diskussionen zumeist wesentliche Punkte vernachlässigt oder überbetont werden. Auf einige

---

[109] Hermann, Peter 2018, ETF - Mythos oder das bessere Investment?

dieser Punkte soll im Folgenden näher eingegangen werden.

Die Kosten sind anhand der Häufigkeit der Erwähnung sicherlich als meistgenannte zu finden. Die kaufmännische Aussage, wonach „der Gewinn im Einkauf liegt"[110], kann logisch als auch praktisch nachvollzogen werden. Dementsprechend ist die Beachtung der Kosten innerhalb eines Produktes und deren Angemessenheit sinnvoll. Dennoch gilt es, die Kosten mit dem Nutzen in Verhältnis zu setzen, der durch dieses Produkt erwartet wird. Ein größerer Nutzen ist durch einen angemessen höheren Preis gerechtfertigt. Wesentlich ist die Angemessenheit, auf die im Folgenden weiter eingegangen werden soll.
Allerdings fällt sicher ein Ausschluss eines Produktes oder einer vollständigen Produktgattung aufgrund höherer Kosten in der Betrachtung zu kurz. Die Kosten sind als Anfangskriterium oder als

---

[110] Historische Kaufmannsweisheit

Ausschlusskriterium nicht geeignet. Ein Produkt muss die Erwartungen erfüllen oder eine Lücke schließen. Ist weder das eine noch das andere durch die vorliegende Produktlösung erfüllt, so fällt dieses unabhängig von den Kosten aus jeglicher weiteren Betrachtung heraus. Die Kosten sind sicherlich einer von vielen Faktoren, die es zu beachten gilt, allerdings mitnichten der wesentlichste.

Wie eingangs zu diesem Kapitel und ausführlicher im Kapitel Beratungssysteme geschildert, ist entscheidend, dass sich eine Produktlösung in das Gesamte eingliedert und die gestellten Erwartungen erfüllt. In der Fachpresse und in der Literatur wird in der Diskussion des aktiven und passiven Managements auf die deutlich höheren Kosten bei erstgenanntem verwiesen.

Der Unterschied im aktivem Management zu dem eines passiven ETF ist im Wesentlichen neben den bereits genannten im deutlich höheren Einsatz von mehr Personal zu finden. Das führt zwangsweise zu einer höheren Kostenbasis, die einen höheren Ertrag zur Finanzierung benötigt. Die Forderung nach geringeren Kosten kommt einer Forderung nach Lohn-Dumping, dem Einsatz von billigeren Arbeitskräften oder dem Outsourcing gleich. Dieser Vergleich ist zugegebenermaßen provokativ; ebenso ist es der nach Kostenreduktion gemäß dem Grundsatz „Geiz ist Geil"[111].

Ein zweiter, häufig genannter Vorteil von passiven ETFs gegenüber dem aktiven Management ist, dass aktive Manager ihren Vergleichsindex nicht schlagen. Aus diesem Grund könne gleich der Vergleichsindex gekauft werden.

Bevor wir zu diesem kommen, sei eine kurze Erläuterung des Begriffes Benchmark erlaubt.

---

[111] Saturn ab Okt. 2002 Werbeslogan in Deutschland

Eine Benchmark ist ein Vergleichswert, der zur Orientierung der eigenen Leistung dient[112]. Diese Form der Orientierung ist in den unterschiedlichsten Bereichen und Formen zu finden. Der Vergleich zu anderen Leistungen ist allerdings gängig und wird vielfach als solcher auch gefordert.

Wie sinnvoll ein solcher Vergleich ist, ist zumeist fraglich. Dies soll anhand des folgenden Beispiels dargestellt werden. Es wird eine Gruppe von Fußballmannschaften gebildet. Die Prämissen sind, dass jede die gleiche Anzahl an Spielern und Trainingseinheiten besitzt. Die Erwartung könnte sein, dass alle Teams innerhalb dieser Gruppe im Durchschnitt die gleiche Anzahl an Toren erzielt oder, verallgemeinert, die gleichen Leistungen erbringt.

---

[112] Gabler Wirtschaftslexikon, Instrument der Wettbewerbsanalyse. Benchmarking ist der kontinuierliche Vergleich von Produkten, Dienstleistungen sowie Prozessen und Methoden mit (mehreren) Unternehmen, um die Leistungslücke zum sog. Klassenbesten (Unternehmen, die Prozesse, Methoden etc. hervorragend beherrschen) systematisch zu schließen. Grundidee ist es, festzustellen, welche Unterschiede bestehen, warum diese Unterschiede bestehen und welche Verbesserungsmöglichkeiten es gibt.

Dass diese Erwartungshaltung aller Voraussicht nach nicht erfüllt wird, ist absehbar. Die Gründe dafür könnten trotz der vermeintlichen Vergleichbarkeit vielschichtig sein. Dieses sehr einfache Beispiel kann ebenso auf Benchmarks und Vergleichsmaßstäbe bei Fonds angewendet werden. Die beginnende Frage, die es zu stellen gilt, ist die nach der am besten geeigneten Benchmark. Bei einem ETF ist dies vergleichsweise einfacher darzustellen, da der verwendete Index, in den investiert werden soll, zugleich als Benchmark dient. Doch bei einem aktiven Management, das sich von klassischen Indizes löst, wird dies zunehmend schwieriger. Diese Komplexität nimmt mit der Zunahme an Anlageklassen zu, beispielsweise bei einem Mischfonds. Bei dem dargestellten Vergleich wird zumeist auf den Ertrag oder die Rendite abgestellt. Ein weiterer wichtiger Faktor, der des Risikos oder auch der Volatilität[113], wird zumeist

---

[113] Gabler Wirtschaftslexikon, Ausmaß der kurzfristigen Fluktuation einer Zeitreihe um ihren Mittelwert oder Trend, gemessen durch die Standardabweichung bzw. den Variationskoeffizienten.

vernachlässigt oder findet im Vergleich keine Beachtung. Ein geringeres Risiko rechtfertigt eine geringere Rendite, ein höheres wiederum einen höheren Ertrag.

Von pauschalen Empfehlungen ist grundsätzlich wenig zu halten, da die eigenen Bedürfnisse höchst individuell sind. Daher ist eine Empfehlung, in welche ETFs grundsätzlich investiert werden soll, nicht sinnvoll.

Komplexität - Simpel kann einfach gut sein

Derzeit ist mitunter durch das historisch niedrige Zinsumfeld zu beobachten, dass der Grad der Komplexität weiter zunimmt. Es stellt sich die Frage, ob diese zunehmende Komplexität notwendig ist und Mehrwerte schafft.

Es wird für alle Beteiligten (Banken, Unternehmen und Privatpersonen) auf Basis der sehr niedrigen, stellenweise auch negative Zinsen zunehmend schwieriger, Ziele zu erfüllen und angemessene positive Erträge zu erwirtschaften. Stiftungen sind geradezu ein Paradebeispiel, da sie auf möglichst stabile und regelmäßige Erträge angewiesen sind[114]. Aus diesen Erträgen begleicht eine Stiftung neben ihren eigenen Kosten auch Projekte, die der Stiftungszweck vorsieht.

Gleiches gilt für die Sektoren der Banken und Versicherungen: beide sind auf Erträge und höhere

---

[114] Walter, Hanspeter 2016, Stiftungen: Erlöse meist rückläufig

Zinsen oder kalkulierbare Zinsen angewiesen. Allerdings sieht es aktuell so aus, als würde das tiefe Zinsniveau weiter anhalten. Es sind auch Stimmen zu finden, die behaupten, dass eine Zinshöhe wie in den Jahren vor Beginn der Krise nicht mehr benötigt werden und somit nicht wiederkommen würden. Diese Aussagen sind es, die das Geschäft in der Geldanlage so schwierig und unvorhersehbar werden lassen. Innerhalb dieser ist festzustellen, dass die allgemeinen Risiken gestiegen und deren Entlohnung in Form von Erträgen gesunken sind. Dieser Umstand ist mit dadurch zu erklären, dass extrem Geldvolumina nach Anlagemöglichkeiten gesucht haben. Exemplarisch sei auf die Notenbanken verwiesen, die u. a. Staats- und Unternehmensanleihen in großen Mengen erworben haben[115], sowie vereinzelt, wie dies z. B. in Japan der Fall war und nach wie vor ist, diese Kaufprogramme

---

[115] Iris Bethge u. Dr. Ulrich Kater 2018, Drei Jahre EZB-Wertpapierankäufe Folgen für die Anleihemärkte

auf Aktienunternehmen ausgeweitet wurden[116]. Wie bereits erwähnt sind dies die Faktoren, die mitunter die Erträge drücken und Risiken steigen lassen.

Diese Verzerrungen von Chancen-Risiko-Profilen führt zum einen aufgrund von Notwendigkeiten nach höheren Erträgen und zum anderen wegen der Gier nach diesen zu entsprechenden Fehlentwicklungen oder Missständen.

Exemplarisch können hier die deutschen Mietpreise und die Kaufpreisentwicklungen von Wohnimmobilien genannt werden. Dadurch, dass entsprechende Mengen an Geld auf der Suche nach Anlagemöglichkeiten außerhalb von Banken sind, fließt ein entsprechender Anteil hiervon in den Immobiliensektor. Diese Suche nach Anlagemöglichkeiten führt auf Seite der Investoren dazu, dass durch die steigende Nachfrage und dem nicht nachziehenden Angebot entsprechend die Kaufpreise steigen und damit verbunden die

---

[116] Iris Bethge u. Dr. Ulrich Kater 2018, Drei Jahre EZB-Wertpapierankäufe Folgen für die Anleihemärkte

erwirtschaftbaren Erträge zurückgehen. Zum Ausgleich versuchen die Investoren verständlicherweise, ihre Erträge zu steigern und erhöhen somit die Mieten.

Die steigenden Mieten führen auf Seiten der Mieter dazu, dass diese weniger überschüssige Mittel haben, um anderweitige Anschaffungen zu tätigen. Ebenso können steigende Mieten mitunter auch ein Anlass sein, sich entsprechendes Eigentum anzuschaffen. Der Erwerb von Immobilien zur Selbstnutzung wird. wie auch bei den Investoren. dadurch erleichtert, dass die Kosten für eine mögliche Finanzierung deutlich gesunken sind. Dadurch wird es für eine breitere Schicht möglich, sich Eigentum zu leisten.

Selbst in diesem Beispiel lässt sich die Aussage nach steigenden Chance-Risiko-Profilen nachvollziehen. Dadurch, dass Banken Finanzierungen zu deutlich niedrigeren Zinsen und derzeit daraus folgend niedrigeren Erträgen ermöglichen, können Kunden mit niedrigeren Bonitäten sich diese verstärkt leisten, wodurch das potentielle Risiko steigt.

Dieses Beispiel kann exemplarisch auch wegweisend für das Kommende sein. Denn eines zeigt sich bereits deutlich: in den etwa zehn Jahren, in denen die Phase niedriger Zinsen bereits anhält, ist das allgemeine Risiko gestiegen und die Erträge sind zurückgekehrt. Es gibt bereits vereinzelte Stimmen innerhalb der Branche, die von einem zinslosen Risiko sprechen[117]. Dies ist eine Wandlung der Theorie des risikolosen Zinses[118]. Mit diesem wurden in der Vergangenheit regelmäßig die deutschen Bundesanleihen verbunden[119].

Die Erträge sind mit Blick auf typische Anlageformen der Banken quasi ersatzlos weggefallen. Unter dem

---

[117] Röhl, Christian W. 2016, Staatsanleihen: Zinsloses Risiko statt risikoloser Zins

[118] ebed. 116

[119] ebed. 116

Begriff der typischen Anlageformen dürfen in diesem Kontext Sparbücher, Festgelder, Tagesgelder, Geldmarktkonten und auch Sparbriefe verstanden werden. Diese Formen der Anlage sind noch existent, befinden sich allerdings auf dem Rückzug bzw. werden vielfach pro forma weiterhin unterhalten. Der Ertrag in Form von Zinsen ist in diesen Anlagen stellenweise knapp über der Nulllinie zu finden und selbst Spitzenangebote reichen nicht über die Ein-Prozent-Marke. Hierbei ist es dann unerheblich, welche Inflationsrate herangezogen wird (HVPI[120] oder die Kerninflationsrate[121]). Ebenso tritt die Diskussion der realistischen Inflationsberechnung in den Hintergrund. Denn es ist offensichtlich, dass dieser Zinssatz im Ansatz in keiner Form zum Ausgleich der Inflation führen kann.

---

[120] Harmonisierter Verbraucherpreisindex, siehe Gabler Wirtschaftslexikon

[121] wikipedia, Kerninflation ist ein volkswirtschaftliches Konzept zur Messung der Inflation, das die Preisänderungen bestimmter Güter nicht berücksichtigt.

Diese Diskussion dreht in diesem Punkt und nimmt neue Dimensionen an, wenn die Anlagezinsen das Vorzeichen ändern. In der Schweiz werden diese dann Verwahrentgelt[122] genannt – negative Anlagezinsen. Anfangs berechnete die EZB diese lediglich den Banken für deren Mindestreserven[123]. Die anhaltende Niedrigzinsphase machte es zunehmend erforderlich, dass diese Zinsen in Höhe von derzeit -0,40% an Kunden weitergegeben wurden. Angefangen wurde hierbei bei höheren Volumina, zumeist auf der Ebene von kommunalen, institutionellen und geschäftlichen Kunden. Recht zügig folgte dann die Umsetzung bei privaten Kunden bis hin zu Einlagen ab dem ersten Euro[124]. Die dargestellte neue Welt ist eine Folge aus den anhaltend niedrigen Zinsen. Eine andere Folge ist die zunehmende Komplexität von Anlageprodukten,

---

[122] Siedenbiedel, Christian 2017, UBS verlangt Negativzinsen

[123] EZB Pressemitteilung 2014, EZB führt Negativzinssatz für die Einlagenfazilität ein

[124] finanzen.net 2017, Negativzinsen bald auch bei anderen Brokern?

da nach wie vor Erträge über Inflationsniveau nachgefragt werden.

Durch diese verständlichen Forderungen nach inflationsübersteigenden Erträgen sowie nach Erträgen, die reales Vermögenswachstum ermöglichen, sind Anbieter gefordert, entsprechende Produkte zu liefern. Dadurch werden neue Investitionsmöglichkeiten gesucht und geschaffen, die zuvor nicht benötigt wurden oder deren Nachfrage zu gering für eine kostendeckende Lieferung war. Doch bevor dieser Umstand näher beleuchtet wird, soll der Fokus zuerst auf einen anderweitigen Aspekt gelegt werden: die sinkende Abneigung gegen bzw. umgekehrt die steigende Akzeptanz von Risiken.
Es ist zunehmend zu verzeichnen, dass nicht nur eine Zunahme von zum Beispiel Aktien innerhalb der deutschen Vermögen zu vermerken ist, sondern dass grundsätzlich immer mehr risikoreiche Anlageformen zu verzeichnen sind. Es könnte auch so formuliert

werden: der Schmerz der niedrigen Erträge ist zwischenzeitlich vielfach so groß geworden, dass Anleger zunehmend neue oder größere Risiken in Kauf nehmen. Dies ist eine vermutete Ursache. Es scheint auch zunehmend die Hoffnung auf baldige steigende Zinsen zu schwinden. Der Wunsch nach höheren Erträgen zwingt Anleger in deutlich risikoreichere Anlageformen. Auf der einen Seite ist diese Akzeptanz des höheren Risikos mit höheren Erträgen verständlich. Die andere Seite ist allerdings der Zwang zu dieser Akzeptanz, die unter anderen Umständen nicht stattfinden würde, da sie gefährlich ist. Gefährlich zumeist nicht dahingehend, dass die eingegangenen Risiken nicht getragen werden können. Vielmehr geht es darum, dass die notwendige Risikobereitschaft und die Belastbarkeit nicht gegeben sein könnte. Die Geschichte lehrt zu unterschiedlichen Zeitpunkten, dass Gier oder auch Verharmlosung von Risiken zu teilweise fatalen Ergebnissen führen kann.

Siehe hierzu beispielsweise den Beginn der Subprime Krise.

Diese geschilderten Gründe sind es, die die Produktlieferanten zu neuen Hochformen anspornt: neue Produkte generieren, die noch bessere Chance-Risiko-Profile versprechen und zumeist einen höheren Ertrag als bisherige Produkte generieren bzw. dies zumindest suggerieren. Es ist allerdings immer wieder durch die Zeitreihen hinweg zu beobachten, dass alte Gesetzmäßigkeiten selten neu geschrieben werden und meist weiterhin Bestand haben. So gehen höhere Erträge mit einem höheren Risiko einher[125]. Das lässt sich aus logischer Perspektive und wirtschaftlichen Gründen ableiten. Ein höheres Risiko wird nur dann akzeptiert, wenn dieses eine entsprechende Vergütung erwarten lässt. Aus welchem Grund sollten Nachteile

---

[125] vgl. Magisches Dreieck der Geldanlage, Das Magische Dreieck der Vermögensanlage bezeichnet die bei der Vermögensanlage untereinander konkurrierenden Ziele Rentabilität, Sicherheit und Liquidität. Die drei Ziele werden durch die Eckpunkte des Dreiecks symbolisiert (wikipedia).

in Kauf genommen werden, wenn diese sich nicht in der einen oder anderen Form auszahlen.

Dies lässt sich z. B. auf die Laufzeit einer Anlage übertragen. Warum sollte ein Investor bereit sein, sein Kapital für einen längeren Zeitraum aus der Hand zu geben, wenn dieser nicht durch einen höheren Ertrag vergütet wird?

So lässt sich derzeit feststellen, dass entweder Laufzeiten länger werden, Risiken größer werden oder der Grad der Komplexität zunimmt, um alte Ertragslevel zu erreichen. Dies ist zunehmend notwendig, da durch die Geldschwemme, zumeist durch die Notenbanken verursacht, enorme Summen auf der Suche nach Investitionen waren und nach wie vor sind. Hierbei gelten bekannte wirtschaftliche Zusammenhänge, wonach sich bei gleichbleibendem Angebot und zunehmender Nachfrage die Preise erhöhen[126]. Diese Gleichung wirkt sich ertragssenkend

---

[126] karteikarten.de, Einflussfaktoren auf Angebot & Nachfrage

auf Investitionen aus bzw. erhöht deren Risiko. In diesem Fall sind die Produktlieferanten gefragt, entsprechende Anlagemöglichkeiten zu finden oder zu kreieren, um ein entsprechend annehmbares Angebot zu liefern.

Bevor dieser Aspekt tiefer beleuchtet wird, werfen wir zuvor einen Blick auf das Thema Sicherheit.

Exkurs: Trügerische Sicherheit

Des Deutschen liebstes Stück in der Geldanlage ist die Sicherheit. Diese Behauptung kann statistisch in der Form nachgewiesen werden, dass die größten Vermögenswerte in Bankanlagen wie Sparbüchern, Tagesgeld- oder Geldmarktkonten, Festgeldern sowie Versicherungen zu finden ist[127]. Der Bereich der Immobilien wird in diesem Zusammenhang bewusst nicht genannt, da dieser als vermeintlich sicher wahrgenommen wird. Innerhalb dieser Anlageklasse sind diverse Risiken zu finden, die zahlreicher sind als die der meisten Bankprodukte oder klassischer Versicherungen[128].

Verbleiben wir im Zusammenhang mit der trügerischen Sicherheit bei den Bankprodukten und klassischen Versicherungen. Unter dem Begriff der klassischen Versicherungen sollen hierbei

---

[127] statista.de 2019, Welche Möglichkeiten der Geldanlage nutzen Sie aktuell?

[128] Hagen, Jens 2013, Die Risiken der Sachwerte

kapitalbildende Versicherungen verstanden werden, die Gelder im Deckungsstock[129] einer Versicherungsgesellschaft anlegt und dadurch entsprechende Ablaufgarantien bieten kann.

Doch beginnen wir mit der Sicherheit der Bankanlagen. Vielfach fällt einem hier als erstes das Risiko der Bankinsolvenz ein. Bankanlagen in dieser Bedeutung stellen Verbindlichkeiten einer Bank gegenüber ihrer Kunden dar, sprich die geldanlegenden Kunden geben der Bank einen Kredit. Wie dies aus dem eigenem Leben bekannt ist, ist ein jeder Kredit abhängig von der Solvenz, also der Zahlungsfähigkeit, des Kreditnehmers. In diesem Fall ist die Solvenz der Bank maßgebend.

Wenn es um die Sicherheit von Banken gegenüber ihrer Kunden geht, fallen einem mitunter die Aussagen der Bundeskanzlerin und des Finanzministers ein. Diese garantierten die Einlagen eines jeden Kunden

---

[129] Definition: Mit Sicherungsvermögen (Deckungsstock) bezeichnet man im Versicherungswesen den Teil der Aktiva eines Versicherungsunternehmens, der dazu dient, die Ansprüche der Versicherungsnehmer im Insolvenzfall zu sichern. (wikipedia)

bei einer Bank in der Bundesrepublik Deutschland[130]. Darüber hinaus haben Banken entsprechende Sicherungseinrichtungen, über die sie ihre Kunden zwischenzeitlich in regelmäßigen Abständen informieren müssen. Die staatliche Sicherung erstreckt sich auf 100.000 Euro pro Kunde. Zu dieser existieren zusätzlich sogenannte Institutssicherungen. Hierunter sind die drei Einlagensicherungen der Genossenschaftsbanken, der Sparkassen und Landesbanken sowie die der Privatbanken zu verstehen. Stark vereinfacht handelt es sich bei der staatlichen Garantie um ein Versprechen, das der Staat gegenüber den Bankkunden abgibt. Die Institutssicherungen sind dagegen große Töpfe, in die daran angeschlossene Banken jährlich einen gewissen Beitrag entrichten. Neben diesen beiden Sicherungseinrichtungen dürfen die für Banken maßgebende gesetzlichen Vorgaben sowie Vorgaben

---

[130] "Die Spareinlagen sind sicher", Zitat Angela Merkel und Peer Steinbrück 2008

der Kontrollinstanzen BaFin[131] und EZB nicht vergessen werden.

Die beiden letztgenannten haben mitunter zur Aufgabe, die Solvenz von Banken fortlaufen zu prüfen und somit einer drohenden Insolvenz frühzeitig zuvor zu kommen. Aus den bisherigen Ausführungen könnte geschlossen werden, dass das Risiko der Insolvenz einer Bank, wenn dieses Risiko der Insolvenz eintrifft, aufgrund der Sicherungsmaßnahmen vernachlässigt werden kann. oder alternativ jeder Kunde lediglich einen Betrag in maximal der Höhe der staatlichen Garantie je Bank anlegt. Erstgenanntes ist, wie die jüngste Geschichte gelehrt hat, sicherlich zu vereinfacht gedacht. Das Risiko alleine liegt nicht ausschließlich in dem Umstand, ob die Anlagesumme vollständig verloren ist. Es stellt sich darüber hinaus die Frage, ob der vereinbarte Zins bezahlt wird, die Zahlungen an den vereinbarten Terminen stattfinden oder, im Fall der Insolvenz, zu welchem Zeitpunkt die

---

[131] Bundesanstalt für Finanzdienstleistungsaufsicht

Kapitalrückzahlung erfolgt und welcher Aufwand bis zu diesem erbracht werden müssen. Beispiele dafür sind während der aktuellen Finanzmarktkrise[132] zu finden. Dies sind per Definition ebenso Risiken. Der Begriff des Risikos lässt sich wie folgt definieren: Das Risiko ist die Abweichung von dem Erwartetem[133]. Wenn so gewollt lassen, sich weitere Risiken innerhalb der Bankprodukte selbst finden. Bei fest vereinbarten Zinsen besteht das Zinsänderungsrisiko im Fall von steigenden Zinsen; bei Laufzeiten, dass die Gelder vorzeitig benötigt werden. Ein weiteres, vermeintlich offensichtliches Risiko besteht darin, dass die genannten Produkte fast ausschließlich in der

---

[132] Weltfinanzkrise oder globale Finanzkrise bezeichnet eine globale Banken- und Finanzkrise als Teil der Weltwirtschaftskrise ab 2007. Die Krise war unter anderem Folge eines spekulativ aufgeblähten Immobilienmarkts (Immobilienblase) in den USA. Als Beginn der Finanzkrise wird der 9. August 2007 festgemacht, denn an diesem Tag stiegen die Zinsen für Interbankfinanzkredite sprunghaft an. (siehe wikipedia)

[133] Definition Risiken sind die aus der Unvorhersehbarkeit der Zukunft resultierenden, durch "zufällige" Störungen verursachten Möglichkeiten, von geplanten Zielwerten abzuweichen. Mögliche Abweichungen von den geplanten Zielen stellen Risiken dar - und zwar sowohl negative ("Gefahren) wie auch positive Abweichungen („Chancen"). (risknet.de)

Währung Euro investiert werden. Es besteht daher ein Währungsrisiko.

Es lässt sich hieraus schließen, dass jede Anlage ein Risiko in sich birgt. Umgekehrt formuliert: es gibt keine risikolose Anlage.

Ein in der aktuellen Zeit besonders trügerisches Risiko ist das der Inflation. Doch aus welchen Grund?
Unter anderem ist dies auf den niedrigen Zins zurückzuführen. Es wird zunehmend schwieriger oder stellenweise unmöglich, bei einer niedrigen Risikobereitschaft mit einer Geldanlage einen Inflationsausgleich zu erzielen.
Insbesondere ist in Sachen Inflation der Umstand irreführend, dass diese nicht oder nur schwer wahrgenommen wird. So ist die Inflation bei einer Anlage von 100 Euro auf einem Sparbuch nicht spürbar. Der Anlagebetrag wird nominal auch in einigen Jahren weiterhin 100 Euro betragen. Dies ist so lange der Fall, wie die jeweilige Währung bestand

hat oder eine negative Verzinsung das Kapital anfängt aufzuzehren. Die Darstellung in nominalen Werten macht diese trügerische Sicherheit möglich und wiegt somit einen Anleger in Sicherheit.

Kommen wir zurück auf die steigende Komplexität von Geldanlagen. Vor Beginn der derzeit weiterhin anhaltenden Krise waren Zinserträge in einem Umfang zu finden, die alternative Anlageformen außerhalb der von Banken angebotenen nicht für die breite Kundschaft erforderlich machten. Aufgrund der genannten trügerischen Sicherheit in Sachen Inflation und aufgrund der inflationsübersteigenden Zinssätze waren diese nicht nötig. Bei einer Inflationsrate von beispielsweise 2,00 % bis 2,50 % gegenüber einem Zinsertrag von über 4,00 % bei z. B. einjährigen Festgeldern war die Welt scheinbar heil.

Doch auch schon zu dieser Zeit waren bereits komplexere Produktvarianten zu finden, die entsprechend höhere Erträge versprechen ließen.

Alternativen waren seinerzeit (immerhin vor zehn Jahren) zumeist in Anleihen, Aktien und Investmentfonds. Sicherlich ist eine gewisse Innovation in einem Zeitraum von zehn Jahren zu erwarten und darf als Normalität unterstellt werden. Durch dies wäre zu erklären, warum zwischenzeitlich andere Produktformen Einzug erhielten. Es ist allerdings auch der Wunsch nach nicht bilanziellen Anlageformen von Banken, dies sind zum Beispiel Wertpapiere oder Versicherungen, festzustellen. Dieser Wunsch hat mehrere Gründe: Zum einen unterliegen diese Anlageformen, die in der Bilanz zu finden sind, den Zinsrisiken, sprich eine Bank muss sich gegen steigende oder fallende Zinsen absichern. Diese Zinsrisiken sind insbesondere bei einem sehr niedrigen Zinsumfeld gefährlich, da die Wahrscheinlichkeit von steigenden Zinsen höher ist als die von sindenken. Dieser Umstand kann dadurch erklärt werden, dass die vergebenen Darlehen zumeist eine längere Zinsbindungsdauer haben als Geldanlagen. Dieser

Effekt der unterschiedlichen Zinsbindungsdauern verstärkt sich während einer Niedrigzinsphase zunehmend: geldanlegende Kunden wählen zumeist kürzere Laufzeiten und Darlehenskunden neigen zu längeren Zinsbindungen.

Dadurch sind Banken gerne geneigt, diese Risiken aus der eigenen Bilanz zu eliminieren und bevorzugen daher vermehrt Geldanlagen, die nicht in der eigenen Bilanz zu finden sind. Diese Form der Anlagen bieten zuätzlich den Vorteil, dass sie zumeist eine einmalige direkte Provision bei Vermittlung bieten. Nachteilig ist dieser Umstand ebenso, da seltener Folgeprovisionen bezahlt werden oder, wenn doch, in deutlich geringerer Höhe. Dadurch wird der Fokus auf die schnelle und höhere einmalige Provision bzw. den Ertrag gelenkt. Ob dies sinnvoll ist, soll an dieser Stelle nicht weiter diskutiert werden.

Die nichtbilanziellen Anlageformen können anhand des Beispiels von Wertpapieren sinnbildlich dargestellt werden. Rudimentär können diese in zwei Bereiche untergliedert werden: Direktanlagen und indirekte Vehikel. Unter dem Begriff der Direktanlagen können beispielsweise Aktien und Anleihen zusammengefasst werden. Die indirekten Vehikel finden sich insbesondere in Investmentfonds oder Vermögensverwaltungen, die keine Wertpapiere im eigentlichen Sinne sind.

Direktanlagen in diesem Sinne werden von Banken aus nachvollziehbaren Gründen zumeist nicht im Beratungsgeschäft angeboten. Die derzeitigen Ertragsquellen aus diesen sind nicht ausreichend üppig, damit daraus Beratungsdienstleistungen und Folgekosten beglichen werden können. Die Erträge aus diesen Geschäften setzen sich ausschließlich aus den Orderspesen abzüglich der Fremdkosten der Börsen zusammen. Ein weiterer Aspekt, der in die gleiche Kerbe schlägt, ist die der Regulatorik[134]. Diese erhöhte im Bereich von Wertpapieren die

---

[134] Directive 2014/65/EU (MiFID II)

Anforderungen an die Beratung in jüngster Zeit elementar. Diese Aufwandssteigerung führte dazu, dass zum einen bestehende Produktangebote zunehmend verkleinert wurden, zum anderen vereinzelte Institute im kleinteiligen Geschäft und bei Mengenkunden vollständig eingestellt wurden. Durch den steigenden Aufwand, bedingt durch neue Regulatorik, stand bei einigen Instituten die komplette Beratungsdienstleistung in diesem Feld zur Disposition. Ob dies eine sinnvolle Veränderung ist, darf fraglich bleiben. Insbesondere ist es fraglich, ob der Wegfall von Wettbewerb dem Endverbraucher dienlich ist[135].

Das fehlende Beratungsangebot in Bezug auf Einzelaktien und die Direktinvestition von Anleihen findet auch Gründe im Rahmen der sinnvollen Geldanlage. Zweifelhaft ist, ob ein Depot mit fünf Einzelaktien unter Ertrags- sowie Risikoaspekten eine

---

[135] Mundt, Andreas (Präsident Bundeskartellamt) 2018, Wettbewerb ist wichtig für den Verbraucher

sinnvolle Streuung darstellt[136]. Weitere Aspekte gesellen sich zu dieser Eingangsfrage, die der Kosten im Verhältnis zu der angelegten Summe und die des Marktzuganges. So ist z. B. es durchaus fraglich, ob ein Aktienkauf von 500,00 Euro rein aus Sicht der Kosten Sinn machen kann, wenn diese beispielsweise 20,00 Euro pro Order ausmachen. Wenn darüber hinaus der Anspruch besteht, dass das aufzubauende Portfolio breit diversifiziert sein soll, so wird schnell in Größenordnungen von 1 Million Euro vorgestoßen. Eine breite Diversifikation bedeutet, einen Mix aus verschiedenen Branchen, Ländern und Unternehmen aufzubauen[137].

Dies stellen die Punkte mitunter für die Hintergründe dar, aus denen Direktanlagen in diesem Sinne selten bis hin zu gar nicht mehr angeboten werden. Hier werden im Kundengeschäft indirekte Anlageformen

---

[136] siehe Portfoliotheorie nach Markowitz

[137] siehe Portfoliotheorie nach Markowitz

bevorzugt. Diese sind zumeist kostengünstiger bzw. rentabler für beide Beteiligte, Kunde wie auch Bank. Die Einstiegsgrößen sind deutlich geringer und die Regulatorik kann auf zwei aufgeteilt werden: auf die beratende Bank und auf den Produktanbieter. Zudem haben diese am Beispiel des Investmentfonds erklärt weitere signifikante Vorteile. Durch die Größe dieser Sammeltöpfe, was Investmentfonds ja eigentlich sind, lassen sich Synergien auf Seiten von Kosten, Einfluss, Marktzutritt sowie Research erzielen. Es ist an dieser Stelle unerheblich, ob es sich hierbei um ein passives oder aktives Management handelt, da manche Synergieeffekte die gleichen bleiben und andere sich wiederum unterscheiden.

Die Synergie der Kosteneffizienz verbleibt bei beiden die gleiche, da durch die Bündelung von Kapital und Losgrößen entsprechende Kostensenkungseffekte zu erzielen sind. Zudem ist das Thema der Diversifikation Dreh- und Angelpunkt jedes Fonds. Alleine durch die pure Kapitalgröße dieser Fonds ist eine breite

Diversifikation gewährleistet. Stellenweise haben sehr konzentrierte Fonds mitunter 20 bis 30 Einzeltitel/ Direktanlagen, während andere, sehr breit diversifizierende Fonds bis weit über 100 Einzeltitel haben. Doch dies ist neben den Vorteilen ebenso der Beginn der Komplexität.

Verbleiben wir für die Erfassung der Komplexität bei dem Beispiel der Investmentfonds. Diese fängt bei der Klassifizierung der Fonds bereits an, es gibt Geldmarkt-, Renten-, Aktien-, offene Immobilien-, Misch- und Dachfonds. Letztere sind auch unter dem Begriffen der Umbrellafunds oder auch Fund-in-Fund zu finden. Eine Klassifizierung ist auch hinsichtlich der Risikoklassen möglich, es gibt seit neuestem eine Gruppierung in fünf Risikoklassen. Es könnte ebenso zwischen Organismen für gemeinsame Anlagen in Wertpapieren (OGAW) oder Alternative Investmentfonds (AIF) unterschieden bzw. klassifiziert werden. Alternativ sind auch Unterscheidungen nach dem Anlageuniversum oder Schwerpunkt möglich, so zum Beispiel nach Branchen, Themen oder Regionen. Es könnte aber auch eine Klassifizierung nach dem Anlagestil oder Managementansatz, wie Bottom-Up, Top-Down, Absolute Return oder Total Return erfolgen. So wird ein vermeintlich einfaches Investmentinstrument schnell recht komplex.

Doch sind diese Fonds tatsächlich so komplex? Und bedarf es dieser Komplexität?

Wenn ein erster Blick hinter die Kulissen geworfen wird, verstecken sich hinter diesen kryptisch klingenden Begriffen entweder durch Gesetze geschaffene Begrifflichkeiten, zum Beispiel OGAW oder AIF, oder lassen sich diese schnell und einfach übersetzen. So ist dies zum Beispiel beim Top-Down-Ansatz der Fall: es wird eine gesamtstrategische Aufteilung bestimmt, wonach dann Ländergewichtungen bis hin zum Einzelwert heruntergebrochen werden[138]. Genau so ist dies im Fall der Begrifflichkeit rund um die OGAWs und AIFs. Hinter ersterem verbergen sich Fonds, die ausschließlich in Wertpapiere investieren. Bei dem letztgenanntem handelt es sich um Fonds, die mitunter auch in Nicht-Wertpapieren investieren dürfen. Die Unterscheidung zwischen OGAW und AIF führen in der praktischen Anwendung zu keiner Verbesserung oder mehr Transparenz für den Endverbraucher.

Schwieriger wird dies allerdings beim ständigen Neuerscheinen von Begrifflichkeiten, so wie dies z. B. jüngst mit den Begriffen Total Return oder Absolute Return der Fall ist. Beide klingen in einer wörtlichen Übersetzung vielversprechend: absoluter Ertrag und totaler Ertrag. Doch was war seither der Ansatz und das Ziel von Fonds, wenn nicht gerade dies?

---

[138] Definition: Ausgehend von einem hohen Abstraktionsgrad bzw. einer globalen Betrachtung zunehmende Konkretisierung von „oben" nach „unten"; ein Gesamtproblem wird in Teilprobleme aufgeteilt, diese evtl. in weitere Teilprobleme etc. (Gabler Wirtschaftslexikon)

Beide Strategien schauen auf den Gesamtertrag, den Return. Dieser soll unter dem Strich positiv für den Anleger ausfallen. Sprich: das angelegte Vermögen soll wachsen. Beim Absolute Return wird zumeist auf eine Perspektive von 12 Monate rollierend, verlängernd um den gleichen Zeitraum, wert gelegt, wohingegen der Total Return auf mittelfristige Wertentwicklungen achtet[139]. Beide Managementansätze tragen dem Wunsch der Anleger nach einer positiven Wertentwicklung Rechnung. Der reine Vergleich zu einer Benchmark und der Anspruch, diese zu schlagen, sprich in der Performance besser abzuschneiden als diese, ist nicht ausreichend. Gerade in negativen Jahren wurde der Vergleich gezogen, dass, wenn das Minus geringer als dies der Benchmark ist, diese erfolgreich verlaufen ist.

Sicherlich sind negative Wertentwicklungen nicht vermeidbar und gehören mit zu einer Geldanlage. Allerdings ist wenig lobenswertes darin zu finden,

---

[139] Kösser, Melanie 2016, Schroders: Absolute oder Total Return?

dass ein geringeres Minus im Vergleich zu einer Benchmark gut oder gar der Anspruch ist.

Diese Änderung in der Sichtweise führt mitunter zu neuen Strategien innerhalb der Anlage von Fonds. So waren vor Beginn der Subprime-Krise[140] insbesondere Garantieanlagen stark gefragt. Für die Kundschaft war bei diesen wichtig, dass die Anlagesumme absolut sicher war. Für die Berater war dieser Umstand, gepaart mit der Möglichkeit, an steigenden Kapitalmärkten eine positive Rendite zu erwirtschaften, wichtig, da diese nachgefragt waren und sich daher leicht in großer Zahl verkaufen ließen. An diesem Beispiel lässt sich schön das Zusammenspiel aus Gier und Vernunft bzw. Verstand erklären. Berater als auch Kunden meinten, eine tolle Kombination aus Ertragsmöglichkeit ohne jegliche Risiken gefunden zu haben.

---

[140] siehe Fußnote 130

Die Geschichte zeigt, dass diese wohlklingenden Produkte den einen oder anderen Haken hatten. Diese wurden zugegebenermaßen vielfach nicht in Gesprächen erläutert und waren ehrlicherweise den meisten Berater so nicht bekannt oder bewusst. Ein Haken war, dass die Garantien immer auf die investierten Beträge abzüglich der Kosten griffen, sprich bei Fonds mit einem beispielhaften Ausgabeaufschlag in Höhe von 3,00 % betrug die Garantie 97,00 % von der Gesamtsumme, die investiert wurde. Dies war der erste Haken. Hier zeigt sich, wie die Aussage, dass immer andere verdient haben, nur der Kunde nicht, verständlich erscheint. Ein weiterer Haken ist in der Konstruktion eines solchen Fonds wiederzufinden. Garantiefonds müssen ihr Investment so wählen, dass die Garantie in jedem Fall hält und darstellbar ist. Somit wurde der Großteil einer Anlagesumme von 100,00 Euro in sichere Anleihen investiert. Die Anleihe zuzüglich der Zinserträge aus dieser bildeten die Garantie zum Laufzeitende. Der verbleibende Anteil (5,00 bis 10,00 Euro) war demnach für die Partizipation an den Kapitalmärkten vorgesehen. Man muss kein Genie sein, um zu verstehen, dass es mit entsprechenden Risiken verbunden sein muss, wenn ein Anteil in Höhe von 5,00 bis 10,00% alleine für die Generierung von Renditen verantwortlich sein soll. Dieser Anteil wird daher in Derivate investiert. Diese haben den Vorteil, durch Hebel den möglichen Gewinn zu vervielfachen. Für einen möglichen Verlust gilt das allerdings ebenso. Dieser kann bis zum Totalverlust des eingesetzten Kapitals reichen. Wenn das Investment kurzfristig überproportional an Wert verliert, bis hin zu dessen vollständigem Verlust, ist somit der Renditebringer verspielt. Dieser Umstand ist insbesondere in stark volatilen, schwankungsfreudigen Zeiten gefährlich, da die Renditekomponente dann schnell verloren geht. Sollte dies am Anfang der Laufzeit geschehen, so ist der Ertrag für die Gesamtlaufzeit auf die Garantie begrenzt. Ein Verlust in Höhe der gezahlten Gebühr ist somit vorprogrammiert. Ebenso ist dann für einen später anziehenden Aktienmarkt kein Geld mehr vorhanden, um in diesen zu investieren. Dieser Zusammenhang traf wie geschildert bei einigen – wenn nicht sogar bei vielen – der Garantieprodukte ein, die kurz vor Beginn der Subprime-Krise[141] aufgegeben wurden. Die Garantie wurde gezogen und der Kunde wurde beschwichtigt, dass zumindest das eingezahlte Kapital wieder am Ende der Laufzeit zurückfloss. Dies ist insbesondere dann ärgerlich, wenn vergleichbare Anlagemöglichkeiten ohne Garantie in einem vergleichbaren Zeitraum eine überaus positiven Ertrag erwirtschaftet haben. Diese Art Produkt basierte auf festen Laufzeiten, womit am Tag der Fälligkeit der positive Ertrag oder der Verlust realisiert werden musste. Eine Garantie ist demzufolge zweischneidig bzw. muss im Gegenzug zu der versprochenen Sicherheit auf der anderen Seite Einschnitte haben.

---

[141] siehe Fußnote 130

Eine Garantie muss immer erkauft werden. Dies erfolgt entweder in Form von Nachteilen, die durch die Konstruktion dieser in Kauf genommen werden müssen, oder durch weniger Ertrag. Die Gleichung, wonach mehr Risiko mehr Ertrag ermöglicht, gilt nach wie vor[142]. Anlageformen, die weniger Risiko versprechen, bieten im Gegenzug einen geringeren Ertrag. Diesen Zusammenhang werden wir im Folgenden weiter beleuchten.

An diesem Punkt sei erneut die Frage erlaubt: Hat dieses mehr an Komplexität im Fall der Garantieprodukte zum Erfolg geführt?

Ein weiteres komplexeres Produkt ist das Zertifikat. Diese waren bereits vor der Subprime-Krise[143] gefragt,

---

[142] vgl. Magisches Dreieck der Geldanlage, Das Magische Dreieck der Vermögensanlage bezeichnet die bei der Vermögensanlage untereinander konkurrierenden Ziele Rentabilität, Sicherheit und Liquidität. Die drei Ziele werden durch die Eckpunkte des Dreiecks symbolisiert (wikipedia).

[143] siehe Fußnote 130

Auch in den Jahren nach der Krise kam die Nachfrage wieder verstärkt auf.

Was ist ein Zertifikat? Ein Zertifikat ist ein strukturiertes Wertpapier. Dies bedeutet, dass unterschiedliche Wertpapiere miteinander kombiniert werden. Im ersten Moment handelt es sich bei einem Zertifikat um ein Gläubigerpapier (ähnlich dem einer Anleihe[144]). Hieraus kann folgendes abgeleitet werden: ein Zertifikat besitzt ebenso einen Nominalbetrag, der später zurück zu bezahlen ist und der die Basis für eine Verzinsung bildet. Ebenso hat ein Zertifikat bis auf wenige Ausnahmen einen Beginn und ein Laufzeitenende. Wie eine Anleihe hat ein Zertifikat einen Zinscoupon. Dieser kann fest, variabel oder am Ende bezahlbar sein oder an Bedingungen gebunden sein. Ein Zertifikat ist stets eine Kombination aus

---

[144] Definition: Gläubigerpapiere (Schuldverschreibungen) verbriefen ein ein Forderungsrecht gegenüber dem Emittenten. Der Inhaber hat grundsätzlich Anspruch auf Rückzahlung und Zahlung der fälligen Zinsen. Gläubigerpapiere können grundsätzlich von 3 verschiedenen Emittenten ausgegeben werden. (bankkaufmann.de)

Gläubigerpapier und einem Derivat, sprich eine Kombination aus Anleihe und Option.

Die Vielfalt an Formen von Zertifikaten ist zwischenzeitlich enorm groß, wie auch deren unterschiedliche Bezeichnungen. Aus diesem Grund ist es mitunter schwierig geworden, diese direkt zu verstehen. Festzustellen ist, dass sich für jede Marktmeinung ein gesondertes Zertifikat im Angebot befindet. Doch die Funktionsweise sowie das Verständnis für diese, fehlt vielen Anlegern und Beratern. In groben Zügen können die Funktionsweisen sicherlich erklärt werden, doch spätestens bei dem Versuch, deren Zusammensetzung zu erklären, trennt sich die Spreu vom Weizen. Hierbei zeigt sich auch wieder, dass zunehmend Produkte in der Beratung zu finden sind, die die Banken bzw. vielmehr die Berater selbst nicht verstehen.

Daher gilt es, die Frage zu stellen, ob solche Produkte überhaupt bei den Kundengruppen zum Einsatz kommen sollten, bei denen sie derzeit beraten werden.

In Beratungen finden Produkte Einzug, die zum Beispiel auf eine Sicht von drei Jahren einen Ertrag von 1,50 % pro Jahr versprechen. Am Ende der Laufzeit darf allerdings der zugrundeliegende Basiswert, in diesem Fall ein europäischer Aktienindex, nicht unter die Marke von 40,00 % fallen (bezogen auf sein Ausgangsniveau). In einem solchen Fall erhält der Kunde eben diesen Aktienindex zum ursprünglichen Startpreis. Sicherlich rechtfertigen die Risikopuffer einen solchen Ertrag aus heutiger Sicht. Doch ist dies eine adäquate Risikovergütung bezogen auf die eingegangene Laufzeit?

Wenn beispielsweise dieser Ertrag im Verhältnis zum Risiko als zu gering empfunden wird, so kann dieser durch die Wahl eines anderen Zertifikates erhöht werden. Doch, wie in so vielen Fällen, ist mit der Erhöhung des Ertrages eine Zunahme des Risikos zu verzeichnen. Somit ist beispielsweise bei der Erhöhung des Ertrages auf 3,50 % ein Einzelwertrisiko auf Basis einer Aktie vorhanden und der zuvor beschriebene Puffer reduziert sich auf 23,00 %. Beide Beispiele sind derzeit vielfach anzutreffen und werden von der Kundschaft seit geraumer Zeit gut angenommen. Daher stellen sie eine entsprechende Nachfrage dar. Gerade im Fall von Einzelwerten ist immer wieder das Phänomen des Home-Bias[145] wiederzufinden. Hinter diesem Begriff verbirgt sich die Tendenz von Anlegern, sich primär für Anlagen in greifbarer Nähe zu entscheiden. So wird das Heimatland in Anlageentscheidungen aufgrund der vermeintlich besseren Informationslage und der besseren Einschätzungsfähigkeit präferiert. Gleiches trifft auf Unternehmen zu, die im eigenen Einzugsgebiet zu finden sind. So genießt beispielsweise Volkswagen unter denEinwohner Niedersachsens einen gewissen Heimvorteil. Abgesehen von den vielen Mitarbeitern, die im

---

[145] wikipedia: Der Begriff Heimatmarktneigung bzw. Equity Home Bias Puzzle bezeichnet die Tendenz von Investoren, Geldanlagen auf dem Heimatmarkt überproportional zu gewichten.

Umfeld der Produktionsstätten wohnen, und den vielen Personen, die mit diesen über Zulieferbetriebe oder anderweitig verbundenen sind. Dies macht den Home-Bias aus: „Kaufe, was du verstehst"[146]. Gleichem Schema folgt auch Investmentlegende Warren Buffet.

Doch kommen wir zurück auf die Anlage in ein Zertifikat mit Basis eines Einzelwertes. Abgesehen vom dargestellten Home-Bias, der das Risiko weiter in die Höhe treiben würde, wenn der betreffende Anleger nicht selbst schon bei diesem Unternehmen arbeiten würde und von diesem einen Teil seiner Vergütung in Form von Belegschaftsaktien beziehen würde, so würde eine solche Anlage sein übriges tun. Zudem ist regelmäßig festzustellen, dass gerade im Bereich von Geldanlagen in Investmentfonds von Risikostreuung die Rede ist und dies mit als elementares Kriterium für die Empfehlung dieser gilt. So wird dies bei der Beratung zum Thema Zertifikate gerne nicht beachtet.

---

[146] Warren Buffet

An diesem Punkt soll keine Mutwilligkeit oder bewusstes Ignorieren unterstellt werden: vielfach ist es eben die in diesem Kapitel häufig genannte Komplexität, die hier zum Vorschein kommt. Nun wird dem Kunden nach einer entsprechend intensiven vorausgehenden Analyse ein bereits erklärungsbedürftiges Produkt empfohlen. Dann sollen noch die Aspekte der Risikostreuung erläutert werden und deren Vorteil näher gebracht werden. Zu guter Letzt wird dann die Geldanlage mit vielleicht 20.000 Euro in vier Einzelprodukte, je ein Zertifikat basierend auf einem Einzelwert, empfohlen und ausführlich in die neueste Form des Gesprächsprotokolls verpackt. Bei allem Wohlwollen gegenüber Kunden, Beratern und Aufsicht: wer steht diese Tortur durch? An diesem Punkt darf die Wirtschaftlichkeit nicht außer Acht gelassen werden. Bei einem solchen Produkt verdient eine Bank schätzungsweise 2,00 %, sprich 400 Euro. Wenn für dies im Gesamten zwei bis drei Stunden an Arbeitsaufwand berechnet werden, so verdient manch andere beratende Berufsgruppe auf den Stundenlohn bezogen bedeutend mehr[147].

Welchen Zweck erfüllt also die zunehmende Komplexität? Stiftet diese einen Mehrwert für Kunden und Banken?

Die zunehmende Komplexität führt zu drei hauptsächlichen Ergebnissen. Erstens: Produktlieferanten bedienen gerne die entstehende Nachfrage und werden ebenso gerne gefragt, wenn es um die Entwicklung neuer Anlageideen geht. Im Fokus dieser Neuentwicklungen steht selten Einfachheit und leichte Verständlichkeit.

Verständlichkeit führt zum zweiten Ergebnis: durch die zunehmende Komplexität, die durch die eben angerissenen Produktanbieter weiter gesteigert wird, macht die Notwendigkeit von Beratung weiter erforderlich. Es ist ebenso ursächlich für die sich wieder vergrößernde Wissenslücke zwischen Kunde

---

[147] Focus Money, Gebühren - Teurer Rat

und Berater. Diese Lücke begann sich zunehmend durch eine besser informierte Kundschaft zu schließen und die Abhängigkeit von der Beraterschaft nahm dadurch ab.

Zu guter Letzt führt die zunehmende Komplexität zu einem abnehmenden Verständnis bei Kunden, Beratern und Anbietern.

Kostenmodelle neu gedacht

Im bisherigen Verlauf dieses Buches wurden die Themen des Berufsbildes des Bankkaufmannes, die Notwendigkeit des wirtschaftlichen Erfolges, die Beratungssysteme und vorhandene Produktlösungen besprochen. In jedem Kapitel konnte festgestellt werden, dass vieles nicht perfekt ist. Perfektion ist auf keiner Seite zu finden, weder bei den Banken, noch bei den Kunden, Produktanbietern oder unabhängigen Testinstituten. Doch ist die Perfektion wirklich das erstrebenswerte?

Ohne an diesem Punkt zu sehr in philosophische Gebiete abzuschweifen, so ist doch festzustellen, dass Perfektion nicht das eigentlich erstrebenswerte ist, sondern das eigene Wohlbefinden.
Es kann vereinfacht zusammengefasst werden, dass das Wohlbefinden erfüllt ist, wenn der Kunde seine tieferen Bedürfnisse und Wünsche mit den passenden

Lösungen im Bereich der Finanzen und Versicherungen befriedigen kann. Die Bank wiederum erreicht diesen Zustand, wenn der Gewinn ausreichend für die eigene realistische Zielerreichung ist und diese durch den erzielten Gewinn für die Zukunft gewappnet ist. Auf den Banker trifft dies zu, wenn er die an ihn gestellten Anforderungen in Form von quantitativen Ziele erfüllen kann und dabei seinen Kunden dauerhaft auf Augenhöhe begegnen kann.

Wie also kann dies praktisch umgesetzt werden?

Die Überschrift zu diesem Kapitel laut „Kostenmodelle neu gedacht".

Ist nicht vielleicht der Dreh- und Angelpunkt der Kosten? Oder der Gebühren und Provisions- und Honorarmodelle?

In vorangegangenen Kapiteln wurde mehrfach erwähnt, dass das Kriterium der Kosten nicht alleine entscheidend sein sollte und dass auf dieses nicht allzu viel Gewicht gelegt werden sollte. Dies Aussage soll an dieser Stelle auch nicht revidiert werden.

Im Gegenteil: ein Produkt oder eine Dienstleistung soll und muss Geld kosten. Es kommt einem wirtschaftlichen Selbstmord gleich, wenn eine solche kostenlos offeriert wird oder gar verlangt wird, dass diese nichts kosten darf.

Kosten sollen nicht reduziert oder vollständig gestrichen, sondern sinnvoll überdacht werden. Sinnvoll bedeutet, dass die neuen Kostenmodelle beiden Seiten nützen müssen; sprich, diese sollen der Bank Erträge erbringen, die für eine Gewinnerzielung benötigt werden, und dabei dem Kunden ein angemessenes Preis-Leistungs-Verhältnis bieten.

Beides muss im Einklang stehen: Preis zu erbrachter Leistung.

Allen Beteiligten sollte offensichtlich bewusst sein, dass eine kostenlos angebotene Dienstleistung quersubventioniert werden muss. Somit müssen andere Dienstleistungen sowie Produkte einen höheren Ertrag liefern, um die Subvention auszugleichen. Dieser Zusammenhang scheint allerdings nicht immer in der Realität bewusst zu sein. Auch wenn versucht wird, mittels Rosinenpicken nur die Dienstleistungen und Produkte in Anspruch zu nehmen, die kostenlos offeriert werden, so sollte auch hier bewusst sein, dass ein solches Unternehmen bei der Annahme, dass viele sich gleich verhalten, nicht lange bestehen kann.

Sicherlich ist auch hier durchaus vertretbar, wenn lediglich auf sich selbst wertgelegt wird und daher das Wohl des Unternehmens vernachlässigt wird. Ob eine solche Denkweise zum Wohl der gesamten Gesellschaft, in der wir leben, dient, ist fraglich. Dieser Punkt soll allerdings an dieser Stelle nicht weiter vertieft werden.

Wie bereits im Kapitel „Die Vorgaben" angesprochen, ist eine Bank ein Wirtschaftsunternehmen und als dieses der Gewinnerzielung verpflichtet. Daher ist eine kostendeckende Arbeitsweise zwingend erforderlich.

Das Ziel der reinen Kostendeckung kann als zu kurz gedacht bezeichnet werden, denn Gewinne stellen eine Form von Risikovorsorge dar[148]. Durch Gewinne werden ebenso Expansionen, Neustrukturierungen, Forschung, Weiterentwicklung und Investitionen ermöglicht.

Wie hoch sollen also die Gewinne ausfallen und auf welche Art und Weise werden sie erzielt?

Dies ist der eine Winkel der Betrachtung. Ein anderer sind die Kosten: woran bemessen sie sich bzw. wie kommt man auf den Preis?

Der Preis soll die Kosten decken und eine Gewinnmarge beinhalten. Somit müssen die Kosten vor der eigentlichen Gewinn- und Preisermittlung festgestellt werden.

---

[148] Dr. Bock, Kurt, Welche Rolle haben Unternehmensgewinne? Unternehmenserfolg und gesellschaftliche Verantwortung

Die Kosten können grob dargestellt auf zwei Arten berechnet werden: mit dem Teilkostenverfahren und dem Vollkostenverfahren.

Das Teilkostenverfahren stellt auf die Kosten ursächlich verbunden mit der Herstellung der Ware oder Erbringung der Dienstleistung[149]. Ziel dieses Verfahrens ist es, festzustellen, welche Kosten in direktem Zusammenhang mit dem Gut oder der Dienstleistung stehen. Das ergibt den Mindestpreis, der berechnet werden muss. Der Zusammenhang ist wie folgt: wenn dieser Mindestpreis nicht durchgesetzt wird, ist eine Nichtproduktion des Gutes oder eine Nichterbringung der Dienstleistung wirtschaftlich sinnvoller als die Produktion oder Erbringung.

Die Vollkostenrechnung baut auf die des Teilkostenverfahrens auf. Diese wird um den Punkt Gemeinkosten ergänzt[150]. Bei den Gemeinkosten handelt es sich um Kosten, die nicht direkt einem

---

[149] controlling-portal.de, Voll- und Teilkostenrechnung
[150] controlling-portal.de, Voll- und Teilkostenrechnung

Produkt oder einer Dienstleistung zugeordnet werden können und zumeist unabhängig von diesen anfallen. Beispiele dafür sind die Kosten der Geschäftsleitung und des Marketings oder der Buchhaltung.

In diesem Verfahren wird versucht, jegliche im Unternehmen anfallenden Kosten in die Preiskalkulation einzubeziehen. Hierbei werden die Gemeinkosten zumeist gleichmäßig auf die Produkte und Dienstleistungen umgelegt. Daher ergibt sich bei einem höheren Absatz eine Reduktion der Gemeinkosten, da diese auf mehr Einheiten verteilt werden können.

Im Endeffekt ist es bei einer vereinfachten Betrachtung zweitrangig, welches Verfahren seine Anwendung findet, da am Ende des Tages die gesamten anfallenden Kosten durch die erzielten Einnahmen gedeckt werden müssen.

An diesem Punkt der Betrachtung ist es im ersten Moment unerheblich, welchen Preis ein möglicher Mitbewerber für sein Produkt oder seine Dienstleistung erhebt, da die eigenen Kosten in jedem Fall zu Beginn gedeckt werden müssen. Die Frage nach dem Tun der Mitbewerber stellt sich in Bezug auf die Absetzbarkeit und die dadurch bedingten Marktpotentiale.

Bezogen auf diesen Aspekt ist gerade in der Bankenbranche sowie bei den Versicherungen festzustellen, dass versucht wird, eine Unvergleichbarkeit herzustellen. Im Hintergrund wird versucht, so viele Prozesse und Abläufe wie möglich zu standardisieren und automatisieren. In der Kommunikation gegenüber dem Kunden wird allerdings der Fokus auf die Individualität gelegt. Eigentlich stellt dies einen Widerspruch dar, der im praktischen Sinne ein solcher ist.

Doch mit diesem Vorgehen wird versucht, einem direkten Vergleich mit einem Mitbewerber aus dem

Weg zu gehen oder eine einfache Vergleichbarkeit nicht zu ermöglichen. Dies wird insbesondere dann ersichtlich, wenn das Abenteuer des Vergleiches gewagt wird. So sind vielfach die eigentlichen Unterschiede in zweiter Reihe oder im bekannten Kleingedrucktem zu finden. Es darf an diesem Punkt Kalkül unterstellt werden. Denn wer geht schon gerne im Vergleich mehrere Seiten an Paragraphen durch, um mögliche Unterschiede zu finden.

An dieser Stelle ist festzuhalten, dass die Aufsicht und der Gesetzgeber hier in einigen Fällen Abhilfe geschaffen hat. Dies erfolgte durch die zwingende Erfordernis von zumeist tabellarischen Normübersichten[151].

Kommen wir zurück auf die Preismodelle bzw. Kostenmodell im derzeitigen Umfeld. Derzeit sind am Beispiel der Geldanlage erklärte Kosten, Gebühren und Provisionen in den unterschiedlichsten Formen zu

---

[151] Directive 2014/65/EU (MiFID II)

finden. Von einmalig hin zu jährlichen, gestaffelt auf fünf Jahre und getrennt je nach Dienstleistung.

Lassen Sie uns dies anhand von Wertpapieren im Detail aufdröseln. Um überhaupt ein Wertpapier (in welcher Form auch immer, ob mit Nutzung einer Beratung oder durch eine reine Order) beziehen zu können, ist ein Depot erforderlich. Dies ist vergleichbar mit einem Girokonto und dient der Lagerung und der Abwicklung von Transaktionen im Zusammenhang mit Wertpapieren. Allein das Depot stellt für die Kostenberechnung vielfach ein reinstes Durcheinander aus Parametern dar. So wird unterschieden zwischen Kosten für die Lagerung und Führung des Depots. Daneben gibt es transaktionsabhängige Kosten, Gebühren oder Courtagen. Angefangen bei der reinen Lagerung werden zumeist an einem Stichtag die beinhalteten Wertpapierklassen unterschieden und deren jeweilige Lagerungsart berechnet. So werden beispielsweise manche Wertpapiere auf Basis ihres Kurswertes und wiederum andere auf Basis des Nominalwertes bewertet. Im nächsten Schritt wird bei jeder Einzelposition dessen Verwahrt bestimmt und, da manche kostenintensiver sind, entsprechend höher oder niedriger bepreist. Die Einzelverwahrentgelte werden festgestellt und geprüft, ob diese unter oder über den Mindestpreisen je Position liegen. Die Gesamtsumme aller einzelnen Verwahrentgelte wird ebenso mit dem entsprechenden Mindestentgelt verglichen. Diese Gesamtsumme stellt das jährliche Entgelt für die Depotführung dar – zuzüglich der gesetzlichen Mehrwertsteuer.

Die zweite Kostenkomponente bezieht sich auf den Handel oder die Order von Wertpapieren: die Transaktionskosten. Bei diesen werden ebenso einzelne Wertpapierklassen unterschieden. Je nach Klasse werden die Kurse oder Nominalwerte als Basis für die Berechnung der Entgelte herangezogen. Im zweiten Schritt wird erneut zwischen den jeweiligen Verwahrmöglichkeiten unterschieden. Das auf dieser Basis berechnete Entgelt wird im letzten Schritt mit dem festgesetzten Mindestentgelt je Order abgeglichen und ergibt zuzüglich der Mehrwertsteuer erneut das finale Entgelt. Auf Sonderfaktoren oder Details wie das der unterschiedlichen Verwahrmöglichkeiten wird an dieser Stelle aus Gründen der Vereinfachung nicht weiter eingegangen.

Dieses dargestellte Beispiel gibt soweit einen Einblick in das Gebührenschema vieler Banken im Rahmen der Depotverwaltung.

Die Unterschiede reichen jedoch noch weiter. So trifft das geschilderte häufig auf Depots zu, die von Filialbanken angeboten werden. Direktbanken haben hierbei im Vergleich häufiger neben niedrigeren Gebühren entsprechende Vergünstigungen bis hin zu vollständigen Erlässen der Depotführungsentgelte. Die häufigste Bedingung dafür ist eine festgelegte

Transaktionshäufigkeit oder ein Sparplan[152]. Darüber hinaus werden Orderentgelte pauschal berechnet oder auf Basis von entsprechenden Kooperationen oder Vergünstigungsangeboten vollständig erlassen oder nochmals deutlich reduziert[153]. Die beiden genannten Beispiel werden an dieser Stelle exemplarisch genannt und sollen weder als Empfehlung noch als Werbung jeglicher Art und Weise verstanden werden. Beide Beispiele stehen stellvertretend für Direktbanken im allgemeinen.

Es gilt an dieser Stelle fest zu halten, dass der gemachte Vergleich in Bezug auf die angebotene Dienstleistung hinkt. Die der Direktbanken beschränkt sich zumeist auf die Abwicklung von Orders, aufgegeben durch den Kunden und auf dessen Initiative. Eine Beratungsleistung wird hier im Vergleich zu Filialbanken meist nicht angeboten.

---

[152] siehe zum Beispiel comdirect

[153] Beispiel Onvista-Bank

Dieser Aspekt sowie die unterschiedlichen Kostenstrukturen innerhalb der genannten Banken ist mit ursächlich für die doch zum Teil gravierenden Unterschiede in der Bepreisung. Hinzu kommt, dass Direktbanken eine aktive Nutzung der Depots belohnen und dadurch fördern.

Weiterhin ist im Markt ein weiterer Unterschied festzustellen: es werden Bankdepots und Depots direkt von Produktanbietern bzw. Fondsgesellschaften angeboten. Letztere beschränken sich vielfach auf die ausschließliche Verwahrung der eigenen Produkte oder auf die Anlageklasse der Investmentfonds[154]. Ein weiteres Unterscheidungsmerkmal ist das der Zugangsmöglichkeit zu Sparplänen. Fondssparpläne werden vielfach nur durch Depots bei Fondsgesellschaften ermöglicht. Filialbanken bieten dies im eigenem Depot gegenüber dem der

---

[154] Beispiel Union Investment und Deka

Direktbanken meist nicht an[155]. Somit ist es für Kunden, die das breite Wertpapierangebot nutzen möchten, sprich Wertpapiere über die Börse handeln möchten, erforderlich ein Depot bei ihrer Bank und eines bei der Fondsgesellschaft aus dem zugehörigen Finanzverbund zu eröffnen, wenn sie in Investmentfonds auch durch Sparpläne investieren möchten.

In Bezug auf das Depot bei einer Fondsgesellschaft ist festzustellen, dass dieses nicht nur mehr Aufwand für den Kunden und die Bank bedeutet, sondern auch für letztgenannte regelmäßig mit Einschränkungen oder höheren Gebühren verbunden ist. So ist eine Bank, die beispielsweise Investmentfonds außerhalb des eigenen Finanzverbundes anbieten möchte, darauf angewiesen, dass dieser einzelne Fonds in dem Depot der Gesellschaft verwahrfähig und handelbar ist. Zudem bestrafen die Fondsgesellschaften aus dem eigenem Finanzverbund diese Untreue durch höhere Gebühren

---

[155] Unterschied Kreissparkasse zu OnvistaBank

in der Depotführung und bei Transaktionen. Außerdem schränken sie die Flexibilität zum Beispiel bei Stückelungen und Ausführungsterminen ein[156]. Sofern die Bank dies nicht subventioniert, kann sich beides auf die Kondition beim Kunden durchschlagen.

So viel in Bezug auf das Depot an sich. Nun soll der Fokus auf die Gebühren in Verbindung mit dem jeweiligem Produkt gerichtet werden. Auch im Folgenden soll weiterhin der Investmentfonds als Beispiel dienen. Die Verwahrung ist geklärt, nun kann ein Fonds bezogen werden. Unabhängig von der Art des Fonds, ob passives oder aktives Management, ist zwischen drei Kostenarten zu unterscheiden: einmaligen, laufenden und erfolgsabhängigen[157]. Einmaligen Kosten sind der Ausgabeaufschlag und seltener der Rücknahmeabschlag. Letzterer ist insbesondere bei Laufzeitfonds oder Garantiefonds zu

---

[156] Beispiel Union Investment

[157] boerse.de, Kosten und Gebühren bei Fonds

finden und stellt einen Abschlag dar, zumeist im aktuellen Kurs inbegriffen, der bei einem vorzeitigem Verkauf oder Rückgabe fällig wird (wenn man so will eine Art Strafgebühr für die vorzeitige Rückgabe und Nichteinhaltung der Laufzeit). Der Ausgabeaufschlag ist vielfach bei aktiv gemanagten Fonds anzutreffen bzw. bei Fonds, die im Rahmen einer Beratung angeboten werden. Dieser Zusammenhang erschließt sich dahingehend, da der Ausgabeaufschlag das Vermittlungsentgelt für die beratende Bank ist. Denn anders als bei Bankanlagen, sprich Sparbüchern, Festgeldern etc., fließen diese Gelder nicht in den Kreislauf der Bank, aus dem Kredit vergeben werden kann. Die Bank hat somit im ersten Moment durch die geleistete Beratung, Vorselektion und Nachbetreuung Kosten produziert. Diese Kosten werden durch das Vermittlungsentgelt, sprich den Ausgabeaufschlag, gedeckt, der regelmäßig in nahezu voller Höhe an die Bank fließt.

Anders verhält es sich bei den anderen beiden Kostenkomponenten: den laufenden sowie den erfolgsabhängigen Kosten. Die laufenden Kosten dienen dem Ausgleich der entstandenen und entstehenden Kosten aus der Unterhaltung des Fonds selbst. Hieraus werden die Mitarbeiter der Fondsgesellschaft, Werbung, Publikationskosten und weiteres bezahlt. Allerdings ist darin ebenso eine Vergütung für die Bank vorgesehen. Es fließt aus den laufenden Kosten für die Nachbetreuung ihrer Kunden jährlich ein Anteil an die Bank. Dieser Anteil kann sich auf 0,20 bis 0,40 % belaufen. Dies ist nachvollziehbar, da die Bank eine auf unbestimmte Dauer angelegte Nachbetreuung und Folgeberatung zu stellt.

Bei der Annahme eines Fonds mit einem Ausgabeaufschlag von 5,00 % und einer jährlichen Vergütung von 0,40 % ergibt sich somit ein Ertrag von 1,40 % (bei einer angenommenen Haltedauer von fünf Jahren). Aus diesem Blickwinkel erscheinen die

Gebühren nicht als zu hoch und werden vergleichbar mit anderen Anlageformen.

Die erfolgsabhängige Vergütung erhält die Fondsgesellschaft, wenn diese je nach Vereinbarung entsprechende Ziele erreicht. Sie stellt somit eine Vergütung für erfolgreiche Jahresrenditen dar. Diese Kostenart wird an dieser Stelle aus Gründen der Vollständigkeit genannt.

Zusammenfassend darf festgestellt werden, dass ebenso wie im Depotgeschäft eine Vielzahl an unterschiedlichen Kosten zu finden ist. Diese sind im Vergleich zu denen im Depotgeschäft in der Komplexität geringer und in der Nachvollziehbarkeit beziehungsweise Transparenz besser.

In der Bilanzierung gibt es eine so bezeichnete „Goldene Regel"[158]. Gemäß dieser sollen langfristige

---

[158] Die goldene Bilanzregel besagt, dass das langfristige Vermögen auch langfristig finanziert sein soll. Kurzfristiges Vermögen (Umlaufvermögen) kann auch kurzfristig finanziert sein. (controllingportal.de)

Anschaffungen ebenso langfristig finanziert werden. Sprich: die Finanzierungsdauer soll der Nutzungsdauer des Gutes entsprechen. Damit soll insbesondere vermieden werden, dass die Finanzierung für die Anschaffung eines Gutes deutlich länger andauert als die Dauer der Nutzung des Gutes. Somit stehen entsprechende finanzielle Ressourcen für eine Neuanschaffung zur Verfügung und es sind immer nur die Mittel in Verwendung, die tatsächlich benötigt werden.

Der gleiche Zusammenhang kann auf die Verbindung zwischen Erträgen und Aufwendungen angewendet werden. Ist es nicht sinnvoller, einer laufenden Vergütung bei bestehendem laufendem Aufwand den Vorzug zu geben, im Vergleich zu einem laufendem Aufwand gegenüber einer einmaligen Vergütung?

Die Einmalvergütung hat Vorteile. Diese wirken sich direkt und umgehend in voller Höhe innerhalb der Ertragsrechnung aus. Die Erlöse sind aufgrund ihrer

Einmaligkeit höher als die laufenden Kosten. Zudem haben diesen den Vorteil, dass zumeist die Fälligkeit an den Vertragsabschluss gebunden ist. Eine spätere, auf Dauer ausgerichtete Rechtfertigung muss somit nicht entstehen oder erbracht werden.

Nachteilig ist, dass Folgeerlöse entweder deutlich geringer ausfallen oder vollständig entfallen. Dagegen bestehen regelmäßige Aufwendungen und somit Kosten weiter und Leistungen müssen erbracht bzw. eingefordert werden. An dieser Stelle darf und muss zwischen der Einforderung von weiteren Leistungen und der rechtlichen Verbindlichkeit zur Erbringung weiterer Leistungen in der Zukunft unterschieden werden. Dies ist gerade in der Anlageberatung zu unterscheiden. Die Beratung und somit das Vertragsverhältnis endet mit Abschluss und Geldanlage. Eine daran anschließende oder gar aufbauende Beratung in Form einer Weiterbetreuung stellt vielfach einen neuen und eigenständigen Vertrag dar. Dementsprechend besteht in einigen Fällen hierauf kein Anspruch.

Die Einmalvergütung stellt die Bank vor die Herausforderung, dass stetig neue Verträge oder Aufträge abgeschlossen werden müssen. Überspitzt formuliert: ohne Neugeschäft würde der Ertrag massive einbrechen, zumindest im provisionstragenden Geschäft (bei gleichzeitig weiterlaufenden Aufwendungen aus bisher bestehenden Verträgen). Wenn man davon ausgeht, dass Bankberater auf Basis ihrer Erträge gemessen werden, so neigen diese dazu, den Fokus primär auf das Neugeschäft zu legen. Daraus lässt sich schließen, dass weniger Zeit für die Bestandsbetreuung bleibt. Die eigenen Ziele werden primär aus dem Neugeschäft erfüllt. Hier kann angenommen werden, dass vermehrt dazu geneigt wird, eben dieses Neugeschäft zu fokussieren und zu stärken.

Um beim Beispiel des Depots und der Wertpapiere zu verbleiben: der große Ertragstreiber ist primär in Einmalzahlungen zu finden. Diese Einmalzahlungen fallen stets bei Neuaufträgen an. Somit sind Depots mit geringer Umschlagshäufigkeit für eine Bank als auch für einen Berater von geringerem Interesse. Die Umschlagshäufigkeit stellt die Verweildauer eines jeden Einzelwertes im Durchschnitt innerhalb eines Depots dar[159].

Sicherlich kann argumentiert werden, dass ein aktiv gemanagtes und betreutes Depot Vorteile bringen und, dadurch bedingt, eine größere Umschlagshäufigkeit zur Folge haben kann. Doch ist ein regelmäßiger Verkauf und Kauf von Anlagen tatsächlich stets im Interesse der Kunden?

---

[159] Erläuterung Die Umschlagshäufigkeit gibt an, wie oft der durchschnittliche Lagerbestand eines Unternehmens innerhalb eines bestimmten Zeitraums, z.B. innerhalb eines Jahres, verkauft wird. Sie gibt an, wie oft die Menge oder der Wert einzelner Vermögens- oder Kapitalteile in einer Abrechnungsperiode umgesetzt wird. (wirtschaftslexikon24.de)

Ein Börsensprichwort besagt: „Hin und her macht die Taschen leer"[160]. Abschließend bleibt diese Frage bewusst unbeantwortet, da sie nicht pauschal und allgemeingültig beantwortet werden kann.

Die derzeitige Situation der anhaltend niedrigen Zinsen hat diverse Auswirkungen. Mitunter stellen die Zielvorgaben des jeweiligen Bankberaters verstärkt auf Erträge ab. Die Zielvorgaben haben, vereinfacht dargestellt, zwei Komponenten: quantitative und qualitative Ziele. Erstere stellen mancherorts ausschließlich auf Erträge aus Provisionserlösen ab. Letztere basieren auf Vorgaben wie Terminquoten und der Anzahl der geführten ganzheitlichen Beratungen. Die Qualitätsziele sind im Verlauf der letzten zehn Jahr verstärkt aufgekommen und haben ihren festen Platz in den Zielvorgaben gefunden.

---

[160] Börsensprichwort

Soweit verweilt das Augenmerk auf der aktuellen Situation bzw. der der vergangenen Jahre. Doch wie kann diese für alle Beteiligte verändert werden und welche positiven Effekte könnten aus diesen Änderung entstehen?

Wie zuvor erwähnt gilt die goldene Bilanzierungsregel[161] bei der Buchführung, Anschaffung und Finanzierung von Unternehmen. Die Hintergründe für diese goldene Regel wurden ebenso erwähnt. Diese fanden sich insbesondere in der gleichen Dauer von Nutzung des anzuschaffenden Gutes und zugehöriger Finanzierung.

Wenn die gleiche Regel in die Ertrags- und Kostenwelt von Banken übertragen wird, so sind hier derzeit teils große zeitliche Differenzen festzustellen. Den Einmalerträgen stehen regelmäßig auf unbestimmte Zeit laufende Kosten gegenüber. Wäre es nicht sinnvoller, diese in Einklang zu bringen, sprich

---

[161] siehe Fußnote 157

laufende Kosten werden laufenden Erträge gegenübergestellt?

Auch an dieser Stelle soll erneut das Beispiel aus dem Bereich der Wertpapiere herangezogen werden. Derzeit sind Wertpapiere, wie bereits geschildert, von komplexen Gebührenstrukturen und von einem Schwerpunkt auf Einmalerträge geprägt. Die Reduzierung der Komplexität kommt augenscheinlich beiden Seiten, dem Kunden und der Bank, zu Gute. Dies ist auch bei näherer Betrachtung der Fall. Transparente und nachvollziehbare Kostenmodelle werden von Kunden in aller Regel besser akzeptiert. Dieser muss in diesem Fall keine oder weniger böse Überraschungen in Form von deutlich höheren oder unbekannten Kosten fürchten. Die erhöhte Transparenz und Nachvollziehbarkeit wirkt sich ebenso positiv auf das Vertrauensverhältnis aus und stärkt somit die Beziehung zwischen Kunde und Bank[162].

---

[162] Fieten, Robert 2004, Vertrauen durch Transparenz

Im breiten Angebot sind vereinzelt Anlageformen mit regelmäßiger Vergütung für beide Seiten zu finden. Dies ist insbesondere im Rahmen von Vermögensverwaltungen der Fall. Dort belaufen sich die reinen Kosten in der Regel auf 1,00 bis 1,50 %. Hierbei gilt es allerdings zu beachten, dass diese mehrwertsteuerpflichtig ist. Dies ist bei Wertpapieren, sprich bei Investmentfonds und auch sogenannten vermögensverwaltenden Fonds, nicht der Fall. Im direkten Vergleich ist festzustellen, dass beide Formen der Anlage auf ähnliche Preise kommen. Aufgrund der einmaligen Kosten bei Fonds können diese allerdings je nach Laufzeit höher oder niedriger ausfallen.

Erfahrungsgemäß sind Vermögensverwaltungsmandate aufgrund der jährlichen Gebühr in diesem Punkt transparenter als ein Investmentfonds. Gleiches gilt für die Rechenschaft und die Nachvollziehbarkeit.

Der Vergleich zwischen einem Fonds und einer Vermögensverwaltung kann, stark vereinfacht, wie folgt beschrieben werden: Ein Fonds ist ein Wertpapier, das als solches ein fertiges und durch den Kunden nicht veränderbares Produkt darstellt. Die Vermögensverwaltung hingegen ist eine Dienstleistung, daher ist diese auch mehrwertsteuerpflichtig. Bei dieser wird ein Vertrag zwischen Bank und Kunde geschlossen, in dem die wesentlichen Parameter für die Verwaltung und Betreuung des Kundenvermögens festgelegt sind. Innerhalb dieser handelt die Bank, ähnlich wie das Fondsmanagement, frei und autonom – lediglich mit dem Unterschied, dass die Bank innerhalb der Vermögensverwaltung direkt im einzelnen Kundendepot handelt.

Aufgrund dieses größeren Aufwandes wird die Dienstleistung der Vermögensverwaltung regelmäßig erst ab höheren Volumina angeboten. Standardisierte Verwaltungen sind ab Anlagesummen von 25.000 Euro zu finden, Individuallösungen zumeist erst ab 250.000 oder 1 Mio. Euro.

Dieser Aufwand spiegelt sich unter anderem im Reporting oder dem Rechenschaftsbericht wieder. In diesem wird dem Kunden eine ausführliche Aufstellung, in der jede Position inklusive einer Transaktionsliste ersichtlich ist, zur Verfügung gestellt. Ergänzt wird diese zumeist um ein zusammenfassendes Schriftstück, das die vergangene Entwicklung in Worten erläutert. Dies macht die Vermögensverwaltung transparenter und nachvollziehbarer als einen Fonds.

Bei einem Investmentfonds werden ebenso halbjährliche sowie jährliche Rechenschaftsberichte erstellt. Diese sind allerdings standardisiert, gelten für den gesamten Fonds und sind daher mehrere Seiten lang. Es ist nicht selten, dass dieses Dokument mehr als 30 oder 50 Seiten aufweist. Gewiss sind dort vergleichbare Inhalte zu finden wie in dem der Vermögensverwaltung.

Kommen wir zurück auf das Thema der Kosten: bei einer Vermögensverwaltung fallen beispielsweise ausschließlich jährliche Gebühren in Form eines Verwaltungsentgeltes an. Außerdem fallen keine Depotgebühren an, Orderspesen sind zumeist im Verwaltungsentgelt enthalten und weitere Kosten in Form von doppelten Kostenebenen sind vielfach nicht zu finden. Deshalb spricht man bei dieser Dienstleistung oft von All-In-Fees.

Diese Form eines Entgeltes stellt eine mögliche Weiterentwicklung des bisherigen Gebührenmodells dar. Statt durch den Verkauf von Produkten Erträge zu erwirtschaften, wird der Kundschaft eine Dienstleistung angeboten. Diese ist gekennzeichnet durch eine Symbiose aus auf unbestimmte Dauer angelegten Aufwendungen und Erträge in Form von jährlichen Entgelten. Dadurch besteht keine Notwendigkeit, stetig neue Produkte zu verkaufen oder auch die Umschlagshäufigkeit innerhalb des

Depots hoch zu halten. So wird das Verhältnis zwischen Kunde und Bank auf einen anderen Blickwinkel gestellt. Der Kunde muss nicht mehr befürchten, dass Veränderungen lediglich durchgeführt werden, damit ein neuer Ertrag erzielt wird. Ebenso ist durch die Bank keine Rechtfertigung mehr gegenüber dem Kunden und der Aufsicht[163] in Sachen überwiegendem Vorteil nach neu entstehenden Kosten notwendig. Die Bank und der Kunde sind auf Basis dieses neuen Kostenmodelles in einer transaktionsunabhängigen Beziehung.

Dadurch entfallen mögliche hohe Anfangskosten, die gerade im Fall einer Geldanlage die Basis für die kommenden prozentualen Wertsteigerungen sind. Deshalb fallen bei Betrachtung aus dem Winkel der Gesamtrentabilität insbesondere auf Seiten des Kunden die Gewinne in den ersten Jahren deutlich geringer aus. Die Gesamtrentabilität steht in diesem Sinne für das Verhältnis aus eingesetztem Kapital zum

---

[163] Directive 2014/65/EU (MiFID II)

aktuellem Wert bzw. dem Wert nach Ablauf einer bestimmten Periode, zum Beispiel nach einem Jahr. Das darf als Nachteil verstanden werden. Dieser ist sekundär dafür verantwortlich, dass bei Investments längere Laufzeiten empfohlen werden. Die empfohlene Laufzeit liegt vielfach bei über vier oder fünf Jahren.

Abgesehen von den entfallenden höheren Anfangskosten kann dieser fehlende oder deutlich geringere Ertrag für die Bank positiv sein. Durch den entfallenden hohen Anfangsertrag sind die Folgeerträge im Vergleich deutlich höher. So können die laufenden und höheren Erträge die laufenden Kosten umfänglicher decken.

Durch diese Änderung im Kostenmodell legt sich der Schwerpunkt auf die Rechtfertigung der fortlaufenden Entgelte in der Zukunft. Natürlich verstärkt sich dabei auf Kundenseite der Wunsch nach einer fortlaufenden Betreuung. Dieser Anspruch wird sich auf Seiten der Bank in der Form widerspiegeln, dass diese dafür entsprechende Kapazitäten schaffen muss. Im Gegenzug erhält die Bank Erträge, die unabhängig vom Neugeschäft und losgelöst von äußeren Einflussfaktoren sind, sowie zum Beispiel von entsprechenden Bewegungen auf den Kapitalmärkten.

Dagegen wird der Leistungsdruck auf die Dienstleistung dahingehend erhöht, dass der Anbieter dauerhaft Qualität liefern muss. Im Vergleich betrachtet, besteht dieser Anspruch und Leistungsdruck bereits. Dieser verändert sich in dem Punkt, dass dieser bereits ab den ersten Jahren stärker wiegt als bisher, da insbesondere die Performance in den ersten Jahren aufgrund der höher lastenden Einmalkosten zu Beginn verfälscht wird.

Es darf an dieser Stelle zusammengefasst werden, dass ein Umdenken wegführend von hohen Einmalerträgen hin zu höheren regelmäßigen Erträgen mehr Vorteile für beide Seiten bieten. Durch den Fokus auf regelmäßige Erträge bzw. Kosten ist eine höhere

Akzeptanz bei den Kunden zu erwarten. Auf Seiten der Bank stehen durch das neue Modell regelmäßig anfallenden Aufwendungen regelmäßige Erträge gegenüber. Zudem entfällt die Rechtfertigung für den ersten hohen Gebührenblock bei vielen Produktformen. Die Beziehung zwischen Bank und Kunde, die auf unbestimmte Dauer ausgerichtet sein sollte, findet sich in diesem veränderten Kostenmodell wieder.

Allgemeinbildung: Schule soll bilden

Die allgemeine Schulbildung sollte auf das Leben im Gesamten vorbereiten und dafür notwendige Allgemeinbildung vermitteln[164]. So wie es das Wort der Allgemeinbildung sagt, sollte dieses allgemeingültiges und möglichst breites – anstelle von tiefem – Wissen vermitteln.

Hierzu werden seit langer Zeit in den unterschiedlichsten Schulstufen im Allgemeinen Kenntnisse in den Sprachen Deutsch, Englisch, Französisch und Latein vermittelt. Neben diesen finden sich in den untersten Stufen bereits weitere Fächer wie Mathematik und Religion. Diese werden mit der zunehmenden Stufe um Inhalte wie Geographie, Kunst, Geschichte, Sozialkunde, Biologie und Physik ergänzt. Vielfach sind ebenso technische sowie hauswirtschaftliche Fächer zu finden.

---

[164] Allgemeinbildung bezeichnet die Formung und Entwicklung der allen Menschen gemeinsamen Personalität in ihrer geistigen und damit vor allem ethischen und ästhetischen Dimension.

Wenn der Bogen zum Inhalt dieses Buches, sprich der Wirtschaft der Banken geschlagen wird, so ist festzustellen, dass dieses Thema lediglich innerhalb des Schulfaches Mathematik zu finden ist. Im Rahmen des Mathematikunterrichtes wird neben den Rechenformen der Subtraktion, Addition, Multiplikation und Division auch das Rechnen mit Prozenten vermittelt. Dies ist vielfach der Einstieg und gleichzeitig das Ende in Bezug auf das Thema Wirtschaft. Abgesehen von Schulen mit besonderen Schwerpunkten wie einem Wirtschaftsabitur ist dies der gängige Standard.

Bedauerlicherweise zieht sich dieser Umstand aus der fehlenden Wissensvermittlung durch viele weitere Etappen des Lebens. Bedauerlicherweise zeigt sich dieses fehlende Wissen in den unterschiedlichsten Situation und es ist in der Tat bedauerlich, da vielfach wirtschaftliche Zusammenhänge nicht wahrgenommen werden. Doch zurück zu dem Anfang.

Wie bereits erwähnt, finden viele allgemeinbildende Unterrichtsfächer seit Jahrzehnten Einzug in den Schulalltag und wurden zunehmend mit nicht allgemeinbindenden erweitert. Über die Jahre und Jahrzehnte ergebende Veränderungen finden geringeren Einfluss auf den Inhalt, der in den Schulen durch diese Zeiten unterrichtet wurde und wird. So haben wirtschaftliche Themen, zum Beispiel Wirtschaftskreisläufe und welche Teilnehmer dabei welche Rolle spielen, keinen oder nur einen sehr geringen Einfluss. So könnten Zusammenhänge zwischen privaten Haushalten, Unternehmen, öffentlichen Haushalten sowie Banken in einem Wirtschaftskreislauf erläutert und dargestellt werden. Hieraus könnte ersichtlich werden, welche negativen Folgen der staatliche Eingriff haben kann. Ebenso wird deutlich, aus welchem Grund staatliche Eingriffe in gezielten Themen notwendig sind. In diesem Zusammenhang können Aufgabe, Sinn und Zweck einer Bank innerhalb dieses Kreislaufes aufgezeigt werden. Ziel sollte sein, dass allgemeingültige Zusammenhänge und Abhängigkeiten innerhalb einer Wirtschaft dargestellt, verstanden und auseinander gehalten werden können.

In diesem Zusammenhang ist eine Vermittlung von einfachen rechtlichen Zusammenhängen ebenso sinnvoll. So könnte gezeigt werden, welche Aufgaben Verträge haben und wie diese zustande kommen.
Weiterhin sind es beispielsweise volkswirtschaftliche Zusammenhänge wert, erläutert zu werden. Hierbei könnten Kreisläufe wie der Zinskreislauf sowie der von Gütern und Dienstleistungen mit Einbezug des Auslandes aufgezeigt werden. Die Aufgaben von Zinsen und Notenbanken sollten hierbei nicht fehlen. Insbesondere letzteres würde jegliche Diskussion über Zinsen und mögliche Zinserhöhungen in der nahen Zukunft von geringerer Bedeutung erscheinen lassen.
Die dargestellten Themen könnten erweitert werden um Themen wie Inflation, Deflation, Geldschaffung,

Einfluss von Währungen innerhalb von Wirtschaften, Vor- und Nachteile einer Globalisierung und weitere allgemeine Themen, mit denen jeder regelmäßig Berührungspunkte hat.

Doch was, abgesehen von der erweiterten Allgemeinbildung, sollen diese Themen bringen?
Zum einen ist das Verständnis für wirtschaftliche Zusammenhänge und deren daraus resultierende Abhängigkeiten oder Möglichkeiten in vielerlei Hinsicht von Vorteil. Im Besonderen ist dieses Wissen für die eigene Vermögensanlage, Risikoabsicherung und finanziellen Planungen sinnvoll.
Zum anderen könnte ein Verständnis für die Notwendigkeit des Sparens bzw. des gezielten Vermögensaufbaus, des gezielten Risikobewusstseins und der eigenen Liquiditätsplanung entstehen. Dieses Verständnis ist insbesondere von Beginn der eigenen Einkommenserzielung und dem Aufbau des eigenen Lebens notwendig. So finden geschilderte Inhalte aus

den Bereichen der Betriebswirtschaftslehre und der Volkswirtschaftslehre Einfluss in Themen wie der eigenen Ein- und Ausgabenrechnung.

Die eigene Ein- und Ausgabenrechnung ist regelmäßig notwendig. So ist diese ab Erhalt des ersten eigenen Geldes in Form von Taschengeld, Vergütungen oder sonstigen Leistungen erforderlich. Denn es muss fortlaufend festgestellt werden, welche Ausgaben bis zum nächsten Eintreffen von Einkommen noch zu erwarten sind. Sollten die Ausgaen einmal erwartungsgemäß höher ausfallen, so ist in diesem Fall eine vorausschauende Planung elementar. Dadurch können frühzeitig Reserven geschaffen werden, um den höheren Ausgaben begegnen zu können. Wenn diese einmal unerwartet auftreten oder die geschaffenen Reserven nicht ausreichen, so ist an dieser Stelle wiederrum eine langfristige Planung unverzichtbar. Da wenn diese vorhanden ist, können für einen solchen Fall vorausschauend Reserven in

Form von Krediten oder Dispositionskrediten geschaffen.

Regelmäßig ist bei diesem Beispiel festzustellen, dass ein solches Vorgehen nicht vorhanden ist und dass das Verständnis für ein solches nicht ausgeprägt oder gar nicht vorhanden ist. Dies ist dann auffällig, wenn bei bereits abgelehnten Zahlungen die Anfrage auf die Erhöhung oder die Einrichtung einer kurzfristigen Überziehungsmöglichkeit eintrifft oder in gleicher Häufigkeit die Zahlungen ohne vorherige Absprache eintreffen. In diesem Fall liegt es in den Händen der Bank, diese dennoch zuzulassen oder abzulehnen. An dieser Stelle ist festzustellen, dass die anfragenden Kunden stellenweise überhaupt keinen Bezug zum Thema Kreditvergabe und die dafür erforderliche Voraussetzungen haben. So wird die Bank bzw. deren Mitarbeiter regelmäßig mit Aussagen konfrontiert, dass es sich ja schließlich nicht um das eigene Geld handeln, sondern um das der Bank, und mündliche

Versprechen auf garantierte Rückzahlung gegeben werden.

Dieses fehlende Gefühl und die mangelnde Kenntnis der eigenen Liquidität, sprich den eigenen Ein- und Ausgaben bzw. der daraus resultierende Fehlbetrag oder Überschuss, wird in der Gesellschaft zunehmend akzeptiert und bedient. Die Unkenntnis wird in der Form bedient, dass nahezu sämtliche Einkäufe auf Rechnung erledigt werden können. Dadurch ist vielfach ein Zahlungsziel von zumindest 14 Tagen verbunden, sprich die eigene Liquidität wird für den Zeitraum des Zahlungszieles geschont. Derzeit stark zunehmend ist die Möglichkeit der Finanzierung von mittleren bis hin zu Kleinstanschaffungen. Diese wird insbesondere durch zwei Faktoren beschleunigt: zum einen ist der Aufwand von Seiten des Kunden sehr gering, zumeist müssen überhaupt keine Unterlagen für eine Prüfung eingereicht werden; zum anderen werden regelmäßig Finanzierungen zu einem Zinssatz von 0,00 % angeboten. Aufgrund des aktuellen niedrigen Zinsniveaus sind Kreditangebote zu finden, bei denen der gesamte Rückzahlungsbetrag inklusive sämtlicher Zinsen und Kosten unter dem Kreditbetrag liegt. Es wird also in Summe weniger zurückbezahlt, wird als man erhält.

Diese Möglichkeiten sind dafür ursächlich, dass jeder zunehmend weniger Interesse daran oder den Zwang hat, die eigenen Ein- und Ausgaben zu kennen. Denn sollten diese negative sein, so können benötigte Anschaffungen leicht finanziert werden.

Überspitzt könnte behauptet werden, dass dies amerikanischen Verhältnissen nachempfunden ist, wo Kreditkartenzahlungen mittels einer weiteren Kreditkarte, also eine Kreditfälligkeit durch einen neuen Kredit, beglichen werden.

Dieses Verhalten ist unter zwei Prämissen möglich: die Zinsen müssen auf solch niedrigem Niveau verweilen und dürfen nicht steigen. Außerdem darf die fortlaufende Kreditgewährung nicht enden.

Auf diese Aussage aufbauend ist festzustellen, dass auch der Vermögensaufbau nicht strukturiert verläuft. Dafür ist Kenntnis der eigenen Liquidität notwendig, um entsprechendes Sparpotential als auch Potential für den Vermögensaufbau zu identifizieren. Es ist festzuhalten, dass der Dreh- und Angelpunkt die Kenntnis der eigenen Liquidität ist.

Für den eigentlichen Vermögensaufbau, die eigene Altersversorgung oder den Erwerb der selbstgenutzten Immobilie ist die Kenntnis des wirtschaftlichen Zusammenspiels an der Oberfläche hilfreich– wenn nicht sogar notwendig.
Dieses Wissen öffnet zuallererst den eigenen Horizont und ermöglicht das Verständnis für gewisse Formen der Geldanlage.

Denn die Welt der Geldanlagen ist vielfältig und stark mit wirtschaftlichen Ereignissen und Tätigkeiten verbunden. Zum Beispiel läuft der Zinskreislauf Hand in Hand mit der Konjunktur. Das Wissen um die Funktion der beiden Kreisläufe erleichtert das Verständnis, warum Zinsen steigen und fallen. Zudem liefert dieses mit die Basis für eine gewisse Absehbarkeit, wie sich Zinsen entwickeln könnten oder auch werden. Entsprechend könnte doch aus der Erwartung von fallenden Zinsen geschlussfolgert werden, dass es sinnvoll ist, bei einem höheren Zinsniveau längerfristige Anlageformen einzugehen, die eben diesen höheren Zins festhalten. Diese Schlussfolgerung wird in diesem Moment aufgrund der zur Kenntnis genommenen Chance in Erwägung gezogen. Aber auch unter Berücksichtigung oder Wahrnehmung von der Anwesenheit von Risiken, in diesem Fall der des Irrtums, ist in einem Szenario von gleichbleibenden oder eher steigenden Zinsen eine möglichst lange Anlageform mit festgeschriebenen Zinsen kontraproduktiv.

Dieses kurz dargestellte Szenario, das auf Ereignisse, Wissen bzw. Kenntnis und deren daraus abgeleitete

Handlungsmöglichkeiten abstellt, zeigt, welche Vorteile das Wissen von wirtschaftlichen Abläufen haben kann.

Wenn dieses Wissen und Verständnis vorhanden ist, nehmen beispielsweise Investments in Aktiengesellschaften eine ganz andere Perspektive ein. In diesem Moment treten eventuell die Risiken, vor denen immer gewarnt wurde, in den Hintergrund und es rücken die Vorzüge in den sichtbaren Bereich. Es wird erkannt, dass die Aktie eine Beteiligungsform an einem Wirtschaftsteilnehmer ist und welche Funktion bzw. welche Rolle dieser im Gesamten einnimmt. Hierbei wird auch verstanden, warum das reine Abstellen auf eine möglichst hohe Dividende nicht schlüssig erscheinen kann. Es kann nachvollzogen werden, dass ein Unternehmen, das vielleicht keine Dividende bezahlen möchte, die besser Wahl sein kann. Da es den verdienten Gewinn erneut investieren möchte, um weiter zu expandieren oder um die

Forschung gezielt weiter voranzutreiben. Dieses Verständnis greift warnend bei Investitionen in ein Unternehmen ein, das vielleicht von den unterschiedlichsten Seiten hochgelobt und bejubelt wird, aber im Kern des eigenen Geschäftes keinen Gewinn erwirtschaftet und derzeit auf Basis der Vision des Gründers existiert.

Dafür ist ein grundlegendes Allgemeinwissen im Bereich der Wirtschaft erforderlich.

Dieses Wissen gibt uns schlussendlich auch die Möglichkeit, zwischen zwei Kreditangeboten das geeignetere zu wählen. Auch wenn Zinssätze und effektive Zinssätze angegeben sind, so sind diese bedauerlicherweise nicht in der Form aussagekräftig, in der sie es sein sollten.

Es wäre auch ein solches Wissen, das uns erklärt, warum beispielsweise das Angebot von einer Vielzahl von Sicherheiten für einen Kredit nicht dessen Chance auf eine Genehmigung durch die Bank vergrößert.

Denn es erscheint klar, dass ein Wirtschaftsunternehmen wie eine Bank auf Vertragserfüllung setzt und alleine diese für sie die erste Priorität hat. Dafür ist, wie wir bereits wissen, die ausreichende Liquidität und deren Prognosesicherheit für die Zukunft ausschlaggebend. Die geforderten Sicherheiten dienen lediglich dem Zweck, das allgemein gegenwärtige Restrisiko zu senken (in diesem Fall das Restrisiko beider Seiten, das der Bank und das des Kunden).

Dieses Restrisiko und das Risiko allgemein ist es auch, das die Höhe des geforderten Zinssatzes beeinflusst. Bei diesem wiederum ist die Höhe der Liquidität nicht ausschlaggebend und in keiner Form beeinflussend.

Das Wissen um wirtschaftliche Zusammenhänge ist es, das die dargestellten Beispiele in der Praxis aufgrund der fehlenden Vermittlung durch unsere Schulen und Lehrpläne täglich erlebbar machen.

Jeder ist Teil dieses Wirtschaftskreislaufes und jeder, dies muss an dieser Stelle betont werden, ist ein wichtiger Teil innerhalb des großen Ganzen. Aus diesem Grund erscheint es um so wichtiger, dass jeder um seine Rolle weiß. Wenn diese bekannt ist und die Zusammenhänge in diesen Kreisläufen zumindest oberflächlich vermittelt werden, wäre dem großem Gesamten in zahlreichen Punkten zwar nicht geholfen, aber es wäre ein großer Schritt in die richtige Richtung getan.

Aktuelle Statistiken beweisen, dass die eingeschlagene Richtung und die fehlende Bildung im wirtschaftlichen und finanziellen Bereich ihre Spuren hinterlassen. So nimmt die Anzahl der Pfändungen[165] als auch die der Privatinsolvenzen[166] zu. Beides kann als Ergebnis aus fehlender Wissensvermittlung verstanden werden.

---

[165] Geske, Bernd 2018, Zahl der Pfändungen um ein Fünftel gestiegen

[166] statista.de, Anzahl der Privatinsolvenzen in Deutschland von 2000 bis 2018

Derjenige, der seine eigenen Ein- und Ausgaben kennt, ist Herr über seine eigene Liquidität und kann sich somit selbst gegen Überschuldung und Kontrollverlust schützen. Diese Aussage hat gewiss keine Allgemeingültigkeit, da in jedem Leben Restrisiken verbleiben, die nicht zu kontrollieren sind. Doch bei den Risiken, die kontrollierbar sind, sollte zumindest versucht werden, diese zu kontrollieren.

Das Plädoyer

Das Plädoyer ist ein Begriff aus dem 18. Jahrhundert[167]. Dieser wurde vom französischen „plaidoyer" übernommen, was so viel beutetet wie Verteidigungsrede. Es gibt auch das plaidoyer pro domo, das Plädoyer in eigener Sache[168].

Im Zusammenhang mit dem Ihnen vorliegenden Buch, werte Leserin und werter Leser, ist die deutsche Definition und Gebrauchsweise aus der Rechtssprache passender. Demnach stellt das Plädoyer im juristischen Kontext den Schlussvortrag in einem Strafverfahren dar[169]. Dieses wird in diesem Sinne ohne Einschränkung auf eine der beiden streitenden Parteien verwendet, wodurch ein Plädoyer durch die Staatsanwaltschaft als auch von Seiten der Verteidigung gehalten wird.

---

[167] wiktionary.de

[168] pons.de

[169] wikipedia.de

Gemäß dieser Definition und mit dieser Intension wurde dieses Buch verfasst, allerdings, wie zu Beginn einleitend angemerkt, ohne eine anklagende oder verteidigende Haltung für die Seite der Banken, die der Kunden oder einer dritten Partei einzunehmen. Dieser Versuch ist an vielen Stellen zum Tragen gekommen und war an wenigen Stellen von geringem Erfolg gekrönt.

Werte Leserin, werter Leser, dieses Buch stammt aus der Feder eines Bankers, der in einer duale Ausbildung den Weg durch die Bank gegangen ist. Auf diesem Weg konnte ich die unterschiedlichsten Personen und Charaktere innerhalb der Häuser als auch auf Seiten der Kunden kennenlernen. Diese reichen von Privatkunden über Unternehmern, von Kunden mit keinem oder sehr geringem Einkommen bis hin zu vermögenden Kunden.

An diese bunte Vielfalt ist dieses Plädoyer gerichtet.

Die gewählten Beispiele sind angelehnt an die Praxis. Ebenso basieren die gewählten Themen und die getroffenen Aussagen auf gemachten Erfahrungen und stellen in komprimierter Form zehn Jahre in der Branche dar. In dieser Zeit wurden Erfahrungen in allen drei großen Bankengruppen Deutschlands gesammelt, den Genossenschaften, den öffentlich-rechtlichen Banken (Landesbanken) und Sparkassen und den Privatbanken.

Zudem begann der Weg innerhalb der Bank vor Beginn der Subprime-Krise[170] und dauert nach wie vor an, sprich es konnten zahlreiche Veränderungen, die in verschiedenen Stadien der Krise gemacht wurden, miterlebt werden.

Die Banken haben innerhalb des Wirtschaftskreislaufs eine ebenso wichtige Stellung inne wie jeder andere Teilnehmer innerhalb des Gesamten. Die ursprüngliche Aufgaben, das Sammeln und Bündeln

---

[170] siehe Fußnote 130

von Geldern in Form von Kundeneinlagen und deren Vergabe in Form von Krediten, erfüllen die Banken nach wie vor. Allerdings ist diese Aufgabe zunehmend in den Hintergrund rückt.

Vor der bis heute anhaltenden Weltwirtschaftskrise (die mit der Subprime-Krise[171] begann) gab es Banken, die aufgrund der Möglichkeit, mit Geld Geld zu verdienen, nicht mehr auf das Geschäft mit ihren Kunden angewiesen waren.

Diese Aussage steht sinnbildlich für die Exzesse, die die Subprime-Krise teilweise zu Tage gefördert hat. Bewusst wird hier teilweise gesagt, da vieles weiter nicht der breiten Öffentlichkeit bekannt ist und der Auslöser der Krise bereits kurze Zeit nach dem Ausbruch wieder stark florierte[172]. Die Kreditwirtschaft, sprich primär die Banken, haben sich mehr und mehr vom allgemeinen

---

[171] siehe Fußnote 130

[172] Jegers, Alexandra 2018, Die Rückkehr der Ramschpapiere

Wirtschaftsgeschehen gelöst und sind somit in Teilen aus dem Wirtschaftskreislauf herausgetreten.

Wenn Geld mit Geld produziert werden kann und auch wird, so ist dies nicht immer mit einer Wertschaffung verbunden. Die Aufgabe und die Stellung des Geldes darf nicht vergessen werden. Es ist ein Mittel zum Zweck, ein Tauschmittel, wie es in der Geschichte auch Gold immer wieder war oder beispielsweise in Deutschland in der Zeit nach dem zweitem Weltkrieg Zigaretten, Alkohol und Grundnahrungsmittel (in einer Zeit, in der die eigene Währung aufgrund von Inflation massiv an Wert verloren hatte[173]).

Wenn Geld durch Geld erschaffen wird und dies sich ausschließlich in diesem Rahmen abspielt, so hat dies keinen Effekt auf die Gesamtwirtschaft. Diese Entkoppelung ist mit Sorge zu betrachten.

Im Zuge der derzeitigen Krise wurden Fehlentwicklungen und Missstände stellenweise

---

[173] inflationsrate.com

ersichtlich. Eines ist allerdings deutlich: der Bankensektor hat einen gravierenden Einfluss. So wurde die gesamte Wirtschaft inklusive der Staaten mit hineingezogen.

Die Frage ist: wer dient wem und wer kontrolliert wen?

Der äußere Einflussfaktor der anhaltenden niedrigen Zinsen zwingt die Branche der Banken, sich anzupassen. Diese Zinsen sind bereits seit zehn Jahren auf historisch niedrigem Niveau sind[174]. Nach derzeitigem Kenntnisstand werden sie auf einem vergleichbaren Niveau für eine weitere geraume Zeit verweilen.

Dieser Anpassungsprozess schlägt sich bereits seit Beginn der Krise in den Jahren 2007 und 2008 nieder. Seit dieser Zeit sinkt die Anzahl der Banken in Deutschland und die Anzahl der Filialen[175]. Diese

---

[174] Bankenverband, Niedrigzinsen

[175] Bankenverband, Zahlen, Daten, Fakten - Statistikservice

Konzentration des Bankensektors ist mitunter auf die stärkere Vernetzung innerhalb der europäischen Union in Form von grenzüberschreitenden Mitbewerber als auch auf schrumpfende Erträge aus dem klassischen Bankgeschäft zurückzuführen. Ursächlich für letzteres sind mitunter die niedrigen Zinsen und, schwerwiegend, die flache Zinsstrukturkurve. Die Zinsstrukturkurve ist die Differenz an Zinsen pro Laufzeitenjahre grafisch abgetragen als eine Kurve[176]. Durch die Unterschiede in den einzelnen Laufzeiten haben Banken zusätzliche Gelder in Form von Fristentransformationen verdienen können. Hierbei wurden Gelder beispielsweise langfristig zu festen Zinssätzen verliehen und das dafür benötigte Geld kurzfristiger beschafft. Diese Rechnung ging auf, sofern die Zinsen weiter gefallen sind, die Zinsen bei der Verlängerung der Geldbeschaffung gleich dem

---

[176] Üblicherweise bezieht eine Zinsstrukturkurve staatliche Anleihen mit (Rest-)Laufzeiten von einem, zwei, drei bis zu zehn Jahren ein. Die langfristigen Zinsen liegen im Normalfall (normale Zinsstruktur) über den entsprechenden kurzfristigen Zinsen. (Wirtschaftslexikon Gabler)

Ursprung geblieben oder leicht gestiegen sind. Dieser Effekt verpufft nahezu vollständig bei flachen Zinsstrukturkurven.

Die sich verändernde Ertragslage bei zunehmendem Wettbewerb machen Anpassungen innerhalb der Banken notwendig. Wenn parallel Kreditausfälle stärker steigen als geplant und dafür vorgesehene Risikoreserven aufgebraucht werden, so nimmt der Druck auf die Institute weiter zu. Beide Faktoren können ursächlich für die sinkende Anzahl an Bankinstitute in den letzten Jahren sein. Diese neigen verstärkt zu Fusionen.

Die früheren Einnahmen aus dem klassischen Bankgeschäft, sprich in der Vergabe von Krediten und der Anlage von Kundengeldern, versprachen regelmäßige und kalkulierbare Erträge. Diese fallen aufgrund der geschilderten äußeren Einflüssen zunehmend weg. Gleichzeitig ziehen die Risiken an bzw. sind nicht mehr adäquat begreifbare. Durch sinkende Margen sind vielfach höhere Risikomargen nicht durchsetzbar.

Derzeit wird versucht, die bisherigen regelmäßigen Erträge durch einen verstärkten Fokus und deutlichen Ausbau der Provisionserträge abzufedern und im Idealfall vollständig aufzufangen. Parallel laufen Restrukturierungsprogramme und Prozessoptimierungen, die Kosten senken sollen. Dies ist derzeit in Programmen für die Reduktion zu finden, also in der Entlassung von Mitarbeitern. Ebenso stellen dies die Kunden in Form von Filialschließungen fest.

An dieser Stelle muss allerdings im Vergleich zu anderen Ländern auf eine hohe Dichte an Banken und Filialen verwiesen werden[177]. Somit kann behauptet werden, dass in diesen Maßnahmen sinnvolles Potential steckt, um eigene Abläufe sinnvoll anzupassen und somit die Effizienz zu steigern. Beides

---

[177] statista.de, Deutschland bei Filialdichte im Mittelfeld

könnte im Sinne der Kunden sein, wenn Berater mehr Freiräume erhalten und daher ihre Kunden umfänglicher betreuen können.

Dies ist ebenso von der Kundenseite abhängig, da diese den neuen Service und die neue Häufigkeit an Kontakten annehmen müssen.

An dieser Stelle treten die Kapitel „Die Beratungssysteme" und „Kostenmodelle neu gedacht" aus diesem Buch. Ist es aus dieser Perspektive zeitgemäß und erforderlich, sich nach wie vor als Verkäufer von Produkten zu verstehen? Denn aktuell ist eine Bank im Wesentlichen nichts anderes.

Wäre es nicht sinnvoller, sich als Dienstleister zu verstehen und als solcher aufzutreten? Das bedeutet allerdings, über ein reines Lippenbekenntnis hinaus zu gehen und dieses tatsächlich umzusetzen. D. h., es müssen Angebote, Philosophien und Gedankenmuster angepasst werden.

Ein Perspektivenwechsel vom Produktanbieter und -verkäufer hin zum Dienstleister entspricht, wie im Kapitel „Kostenmodelle neu gedacht" dargestellt, dem Ersatz des zurückgehenden Zinsüberschusses. Dadurch wird die Kundenbeziehung weiter gestärkt und laufende Kosten werden erneut durch laufende Erträge ausgeglichen. Diese Umstellung ist im ersten Moment mit einem zusätzlichem Aufwand verbunden. Doch dieser ist regelmäßig bei Veränderungen zu finden. Dieser Aufwand ist mitunter dadurch vorprogrammiert, dass die deutlich höheren Einmalerträge abrupt wegfallen und durch niedrigere laufende Erträge ersetzt werden würden. Für einen nachhaltigen Ausgleich ist eine gewisse kritische Masse notwendig. Hier darf die Annahme getroffen werden, dass diese erzielt werden kann, da durch die Stärkung der Kunden-Bank-Beziehung entsprechende Zuwachsraten möglich sein könnten.

Entscheidend sind in diesem Fall zwei Punkte: zum einen wird die Beziehung zwischen Bank und Kunden weg vom Verkauf von Produkten mit möglichst hohen einmaligen Provisionen geführt. Somit ziehen Kunde und Bank am gleichen Strang. Beiden Seiten tun die laufenden Kosten gut. Beim Kunden fehlt zu Beginn kein großer Betrag, sondern die Anlagesumme beginnt sich direkt in voller Höhe zu vermehren, und die Bank hat ein Entgelt geschaffen, das regelmäßig erhalten wird (wie es beim Zinsüberschuss auch der Fall war). Diese Änderung sollte im besten Fall sekundär für eine Verschlankung der Gebührenstrukturen genutzt werden. Mit dieser sollte die Transparenz und Nachvollziehbarkeit erhöht werden. Solche binden weniger Ressourcen bei der Bank und schaffen eine höhere Akzeptanz bei den Kunden[178]. Zum anderen können die Produkte bzw. die zukünftigen Dienstleistung dahingehend verändert werden, dass deren Komplexität deutlich abnimmt und lediglich

---

[178] Fieten, Robert 2004, Vertrauen durch Transparenz

dort zum Einsatz kommt, wo diese tatsächlich benötigt wird.

Die Intension des Gesetzgebers und der Aufsicht tendiert dazu, die Komplexität zu reduzieren bzw. zu komplexe Strukturen oder die mit sehr hohen Risiken für Privatkunden zu verbieten oder diese lediglich gegen Erfüllung von Auflagen zu erlauben[179]. Zudem ist der erste Schritt durch das Verbot von Kickbacks bei Vermögensverwaltungen in Richtung eines möglichen Verbot von Provisionszahlungen gemacht[180]. Diese Umsetzung oder ein möglicher nachfolgender Schritt ist in Großbritannien bereits vollzogen worden[181]. Dadurch sind klare Veränderungen zu sehen: der Kunde, der nicht bereit ist, für die reine Beratungsdienstleistung in Form eines

---

[179] siehe Börse Stuttgart 2019, Whitepaper

[180] Directive 2014/65/EU (MiFID II)

[181] finanzmarktwelt.de 2018, Provisionsverbot in den Niederlanden und UK erfolgreich - ein Horror für die deutsche Finanzindustrie

Honorars zu bezahlen, hat nur die Möglichkeit, sich selbst ein passendes Produkt zu suchen oder alternativ sich mittels RoboAdvisory behelfen zu lassen.

Die andere Seite von Kunden, denen eine Beratung wichtig ist, sind bereit, gegen ein entsprechend vereinbartes Honorar sich umfassend und in einem solchen Fall auch neutral beraten zu lassen. Auch in Deutschland wurde mehrfach versucht, ähnliche Modelle der Beratung gegen Honorar zu implementieren. Allerdings sind diese bisweilen gescheitert oder konnten sich zumindest nicht flächendeckend durchsetzen.

Die Notwendigkeit einer fundierten Beratung wird sich aller Voraussicht nach in Zukunft mehren. Die Zeiten, in denen der Staat durch entsprechend gesetzlich verankerte Sozialleistungen für einen Großteil der Bevölkerung vorsorgt und somit entsprechende Verantwortung von diesen nimmt, schwindet zunehmend. Die gemachten Veränderungen sind hier als ein erster Anfang zu betrachten, da die

Sozialversorgung auf diesem Niveau nicht auf unbestimmte Dauer weiter gehalten werden kann.

Ein weiterer Aspekt, der die Notwendigkeit einer fundierten Beratung zunehmend erforderlich macht, ist in dem weiter anhaltenden niedrigem Zinsniveau zu finden. Vor Ausbruch der Krise[182] konnten Vermögensanlage und -aufbau relativ einfach erfolgen. Die Zinsen für Geldanlageformen wie das Sparbuch und Festgeld haben mit Leichtigkeit höhere Zinserträge beschert, als die damalige Inflation betragen hat. Somit war ein Wertzuwachs nach Abzug der Inflationsrate möglich. Dies ist seit einigen Jahren nicht mehr der Fall und scheint sich in der nahen Zukunft nicht zu ändern. Somit müssen andere Anlageformen in den Fokus rücken. Diese sind vielfach erklärungsbedürftiger.

Die Erklärungsbedürftigkeit ist in dem Umstand zu finden, dass die allgemeine Schulbildung aktuell zu

---

[182] siehe Fußnote 130

wenig oder stellenweise gar keine wirtschaftlichen Themen vermittelt. Finanzielle Inhalte werden flächendeckend fast nicht vermittelt.

Eine Änderung dieser Situation ist dringend erforderlich. Hintergründe dafür sind bereits im vorhergehenden Absatz in Bezug auf die Notwendigkeit einer fundierten Beratung genannt. Das Schlagwort an dieser Stelle lautete Selbstbestimmtheit. Es heißt, die Verbraucher werden immer aufgeklärter und haben stetig ein bereiteres und tieferes Wissen. Diese Aussage mag in gewissen Teilen richtig sein. Doch bedauerlicherweise besitzt diese Aussage keinen Anspruch auf Allgemeingültigkeit und trifft auf große Teile der Bevölkerung und Kunden nicht zu. Es kann ein Zusammenhang zwischen der Vermögensgröße und der Höhe des Einkommens und der Finanzbildung gefunden werden. Mit zunehmendem Vermögen oder Einkommen steiget der Grad des Wissensumfanges in Bezug auf die eigenen Finanzen. Hierbei ist nicht die Bildung in Form einer höhenwertigen Ausbildung gemeint. Ein höheres Vermögen oder Einkommen macht es vielfach automatisch erforderlich, sich ausgiebiger damit zu beschäftigen. Oder es sind Berater zur Stelle, die bei diesen Themen erklärend oder durch das Angebot der eigenen Dienste zur Seite stehen.

Doch gerade wenn Faktoren wie ein hohes Vermögen oder Einkommen nicht zutreffend sind, so ist die Finanzbildung ebenso wichtig und muss gerade an dieser Stelle vermittelt werden. Gerade Personen mit einem geringeren Vermögen oder Einkommen können sich Fehlinvestitionen, falsche Entscheidungen oder die späte Beschäftigung mit wichtigen Themen schlichtweg nicht leisten. Dies soll und darf an dieser Stelle nicht in einer Klassendiskussion enden. Die Aussage ist alleine durch mathematische Aufschlüsselung bereits nachvollziehbar: Eine Person mit einem höheren Einkommen oder Vermögen ist in der Lage, eine Fehlentscheidung oder eine negative

Entwicklung zu kompensieren. Im Fall eines Totalverlustes ist die finanzielle Existenz nicht gefährdet.

Ebenso ist bedauerlicherweise festzustellen, dass ebenso eine positive Korrelation in der Form existiert, dass ein höheres Vermögen oder Einkommen ein größeres Interesse in Form von Unternehmen und Berater weckt. Diese versprechen sich lohnenswerte Aufträge und somit durch die zumeist höheren Volumina mehr Ertrag als bei kleineren Kunden. Dadurch sind diese verstärkt geneigt, für dieses Klientel ein mehr an Leistung zu präsentieren.

Aus diesen Gründen ist eine frühzeitige Bildung in wirtschaftlichen und finanziellen Themen zwingend erforderlich. Diese Veränderungen sollten nach Möglichkeit zeitnah vorgenommen werden, da diese sich mit einem entsprechenden Zeitversatz erst bemerkbar machen werden. So müssen die Schüler, die diese neue Themen erlernen, erst ihre schulische und berufliche Ausbildung durchlaufen, um dann schlussendlich Einzug in das Berufsleben zu erhalten. In letzterem werden sich dann die vermittelten Wissensthemen vollständig entfalten können.

Eine fundierte Wissensvermittlung in der Kindheit und in der Jugend ist ein Schlüsselelement für den eigenen Erfolg im Leben und stellt das Rückgrat der Volkswirtschaft dar, in der das Leben verbracht wird. Schließlich steigt mit zunehmender Bildung der Wohlstand innerhalb einer Volkswirtschaft[183]. Somit ist das Wissen um wirtschaftliche und finanzielle Zusammenhänge essentiell für den Wohlstand der Gesellschaft, in der wir leben.

---

[183] beb.de 2015, Die volkswirtschaftliche Bedeutung von Bildung

Literaturverzeichnis

Ackermann, Josef (2005), Öffentliche Vorgabe der Deutschen Bank

absolventa.de (2019), Lohn vs. Gehalt

Bankenverband, Niedrigzinsen

Bankenverband, Zahlen, Daten, Fakten - Statistikservice

beb.de (2015), Die volkswirtschaftliche Bedeutung von Bildung

Bellinger, Bernhard (1984), Unternehmensbewertung in Theorie und Praxis

Bethge, Iris u. Dr. Ulrich Kater (2018), Drei Jahre EZB-Wertpapierankäufe Folgen für die Anleihemärkte

Dr. Bock, Kurt, Welche Rolle haben Unternehmensgewinne? Unternehmenserfolg und gesellschaftliche Verantwortung

Börse Stuttgart (2019), Whitepaper

Braun, Thorsten (2018), Unternehmensplanung

Bundesbank (2018), Monatsbericht September 2018

Bundesbank, Die Banken in Deutschland

bundesregierung.de, Jeder hat das Recht auf ein Konto

bwl24.de (2008), Entscheidungstheorie: Minimax, Maximal oder die Nutzenoptimierung bei Unsicherheit

Cicero, Markus Tullius 106-43 v. Chr., Cui bono?

Directive 2014/65/EU (MiFID II)

EZB Pressemitteilung (2014), EZB führt Negativzinssatz für die Einlagenfazilität ein

Fieten, Robert (2004), Vertrauen durch Transparenz

Financial Planning Standard Board Deutschland (fpsb.de)

financial-informer.de, Aktienrendite vs Dividendenrendite

finanzen.net (2017), Negativzinsen bald auch bei anderen Brokern?

finanzmarktwelt.de (2018), Provisionsverbot in den Niederlanden und UK erfolgreich - ein Horror für die deutsche Finanzindustrie

Focus Money, Gebühren - Teurer Rat

Gabler Wirtschaftslexikon

Geißler, Max 2018, Bis zu fünf Prozent Dividende

Geske, Bernd (2018), Zahl der Pfändungen um ein Fünftel gestiegen

giz (2017), So sind wir wirtschaftlich Leistungsfähig

Groth, Julia (2018), Bei diesen Banken gibt es die letzten kostenlosen Girokonten

Hagen, Jens (2013), Die Risiken der Sachwerte

Hamann, Florian (2018), Gehaltstabelle: Was Investmentbanker in Frankfurt verdienen

Hermann, Peter (2018), ETF - Mythos oder das bessere Investment?

Horvath & Partners, Wenn Roboter mitdenken

Jegers, Alexandra (2018), Die Rückkehr der Ramschpapiere

justETF.de, ETF: Was sind ETFs? ETF einfach erklärt

karteikarten.de, Einflussfaktoren auf Angebot & Nachfrage

Kösser, Melanie (2016), Schroders: Absolute oder Total Return?

Dr. Leichsenring, Hansjörg (2018), Bankkunden auf neuen Wegen?

Lexikon der Nachhaltigkeit

Lochner, Mario (2017), So werden Sie mit 10 Euro am Tag zum Millionär

meine-bank-vor-ort.de, Ganzheitliche Beratung - Modewort oder Inhalt?

Mente, David (2007), Kritischer Vergleich zwischen Direktbanken und Filialbanken

Mihm, Andreas (2018), Deutschlands Unternehmen spenden 10 Mrd. Euro

Mundt, Andreas (Präsident Bundeskartellamt) 2018, Wettbewerb ist wichtig für den Verbraucher

onpulson.de

PWC (2011), Effektives Kundenmanagement im Retail Banking

Röhl, Christian W. (2016), Staatsanleihen: Zinsloses Risiko statt risikoloser Zins

Siedenbiedel, Christian (2017), UBS verlangt Negativzinsen

sparlassengeschichtsblog.de, Chronik des OSV

statista.de (2019), Welche Möglichkeiten der Geldanlage nutzen Sie aktuell?

statista.de, Anzahl der Privatinsolvenzen in Deutschland von 2000 bis 2018

statista.de, Deutschland bei Filialdichte im Mittelfeld

statista.de, Entwicklung Gebühreneinnahmen im Investmentbanking weltweit 2009 bis 2018

Staufenbiel Institut, Bereiche des Investmentbankings

sparkasse.de, Ganzheitliches Beratungskonzept der Sparkassen

Tagesschau (2018), Vorstandsgehälter wachsen in den Himmel

Tödtmann, Claudia (2015), Wenn das Unternehmen noch nicht mal das Problem versteht

Toller, Andreas (2014), Die Prognosemärchen der Analysten

Dr. Vincenti, Aurelio J. F. (2012), Vorlesung Portfoliomanagement vr.de, Ganzheitliches Beratungskonzept der Volksbanken Raiffeisenbanken

Walter, Hanspeter (2016), Stiftungen: Erlöse meist rückläufig

www.ingramcontent.com/pod-product-compliance
Lightning Source LLC
Chambersburg PA
CBHW072134170526
45158CB00004BA/1361